Aus Gründen der besseren Lesbarkeit wird im Text verallgemeinernd das generische Maskulinum verwendet. Diese Formulierungen umfassen jedoch gleichermaßen weibliche Personen sowie Personen des diversen Geschlechts.

Christian Dittrich-Opitz | Christian Salvesen
Normopathie

Lektorat: Dr. Richard Reschika
Gestaltung Umschlag/Innenteil: Wilfried Klei
Covergrafik: © iStockphoto
Druck & Verarbeitung: Westermann Druck Zwickau

info@kamphausen.media | www.kamphausen.media

ISBN Printausgabe: 978-3-95883-545-0
ISBN E-Book: 978-3-95883-546-7

1. Auflage 2021

Bibliografische Information der Deutschen Nationalbibliothek

Die Deutsche Nationalbibliothek verzeichnet diese Publikation in der Deutschen Nationalbibliografie; detaillierte bibliografische Daten sind im Internet über **http://dnb.de** abrufbar.

Christian Dittrich-Opitz | Christian Salvesen

NORMOPATHIE

DAS DRÄNGENDSTE PROBLEM UNSERER ZEIT

Selber denken - kritisch bleiben

Einleitung

Einleitung

Die Multidimensionalität der Stille

Normopathie? Noch nie gehört? Der Begriff war mir auch nicht geläufig, bis ich im Herbst 2020 einen Artikel von Christian Dittrich-Opitz las. Überschrift: „Normopathie ist schwerste Krankheit unserer Zeit“ Du meine Güte! Geht's auch eine Spur kleiner? Gleich darunter liefert der Untertitel den Kontext: „Das menschliche Bedürfnis nach Anpassung und Unterordnung verkommt in Corona-Zeiten zur realen Gefahr.“[1]

Aha. Corona. Es gab ja kein anderes Thema mehr, weder in den Mainstream-Medien noch in den alternativen Internet-Kanälen. Ich hatte mich zugegebenermaßen bereits oft über die offensichtlich gleichgeschalteten Berichterstattungen in den öffentlich-rechtlichen Sendern und den großen Zeitungen aufgeregt. Zugleich hatten mich seit den ersten Maßnahmen zur Bekämpfung des Virus und dem drastischen Lockdown im März 2020 E-Mail-Links von Freunden zu allen möglichen kritischen Beiträgen erreicht. Ich fand Interviews mit anerkannten Wissenschaftlern wie Prof. Sucharit Bhakdi (geb. 1946), die engagiert, aber zugleich sachlich ihre Sicht darstellten. Sie entsprachen nicht den offiziellen Verlautbarungen und wurden in Talkshows von ARD und ZDF in einer Art und Weise diffamiert, die mich alarmierte. Was geht hier vor sich?

---

1 Dittrich-Opitz, Christian, Normopathie ist die schwerste Krankheit unserer Zeit, in: Rubikon, 24. Juni 2020, www.rubikon.news/artikel/normopathie-ist-die-schwerste-krankheit-unserer-zeit (31.5.2021).

Normopathie ist ein sozialpsychologischer Begriff. Als einer der Ersten hat Erich Fromm (1900–1980) in den 50er-Jahren mit seinen New Yorker Vorlesungen über die „Pathologie der Normalität" darauf aufmerksam gemacht, dass nicht alles, was wir als normal ansehen, auch richtig und gesund ist. Die „moderne Gesellschaft" macht uns tatsächlich seelisch krank. Der Mensch ist von sich selbst, seinen Mitmenschen und der Natur „entfremdet". Er sieht sich nur noch als Objekt mit einem Marktwert. Allein Konsum und Leistung zählen. Das wurde damals in allen Medien, in den Kinos und in der Werbung propagiert.

Ist das heute, nach 70 Jahren, in unserer Gesellschaft wirklich anders? Hat sich der Einfluss derjenigen, die so viele Konsumenten wie möglich brauchen, nicht noch verstärkt? Die Schere zwischen Arm und Reich hat sich jedenfalls immer weiter geöffnet. Einige wenige große Unternehmen wie „Microsoft", „Amazon", „Google" und „Facebook" bestimmen durch raffinierte Algorithmen unsere Vorlieben und Abneigungen. Gerade lese ich im „Handelsblatt", dass ein Jahr Corona-Pandemie viele Menschen arm und unglücklich gemacht hat, die 2365 Milliardäre dieser Erde dagegen vom 18. März 2020 bis zum 18. März 2021 ihr Vermögen um vier Billionen Dollar gesteigert haben – ein Plus von 54 %.

Auch wenn „Normopathie" ein noch wenig bekannter Begriff ist, er lenkt den Blick auf altbekannte menschliche Schwächen wie Gier, Angst und Unsicherheit, die wir nicht wahrhaben, überdecken und durch Gegenmaßnahmen in den Griff bekommen wollen. Und dies in einem eigenartigen Zusammenspiel von Individuum und Gesellschaft. Nur vorübergehend scheint es in der Normopathie einige Gewinner zu geben.

Besonders Diktaturen stehen unter Normopathie-Verdacht. Leicht lässt sich zeigen, wie die Menschen im Dritten Reich oder unter Stalin gleichgeschaltet wurden und darunter litten. Doch ist es nicht wichtiger, gerade in unserer heutigen Demokratie auf das hinzuweisen, was die meisten für normal und richtig halten und was dennoch in verschiedener Hinsicht „pathologisch", also leidvoll, ungesund, ungerecht und zu kritisieren ist?

Wir laden Sie zu einem Streifzug durch die Geschichte und Kultur ein, fragen nach, wie wir Menschen zu Natur und Technik stehen, lassen Wissenschaftler, Philosophen, Therapeuten und spirituelle Lehrer zu Wort kommen. Die aktuelle Corona-Krise wird nur in einem Kapitel thematisiert. Normopathie gilt uns als ein viel umfassenderes Thema. Was sich allerdings abzeichnet, ist eine bestimmte Geisteshaltung, die zwar vor 300 Jahren als „Aufklärung" die Gesellschaft aus einer ideologischen Umklammerung durch die Kirche befreite, heute aber ausgehöhlt und – wie der Philosoph Jean Gebser (1905–1973) es nannte – „defizitär" ist.

Wir können die weltweiten Probleme der Umweltzerstörung und der damit zusammenhängenden Pandemien, der digitalen Reizüberflutung und Automatisierung aller menschlichen Bereiche, die sich immer weiter öffnende Schere zwischen Arm und Reich und die ideologische Polarisierung innerhalb der modernen Gesellschaft nicht mit den Mitteln und der Einstellung bekämpfen, die eben diese Missstände verursacht haben. Unsere heutige Normopathie heißt Kontroll- und Profitsucht. Sie verengt unsere Perspektive auf das Leben. Wir sehen es am Beispiel der Monokulturen in der Agrarwirtschaft.

Was dagegen hilft? Vertrauen in das Leben. Spüren und wahrnehmen, was jetzt ist.

Zu einfach? Keine neue Wunderformel, zugegeben, aber machbar und immer wieder neu – wenn ich es selbst tue.

Selber denken und kritisch bleiben entwickeln sich ganz von allein aus dem Moment, aus der inneren Stille und der „Leichtigkeit des Seins".

Christian Salvesen, April 2021

Null – Leere und unendliches Potenzial

Als Adam Ries (1492/93–1559) im Jahr 1520 die sogenannten „arabischen Zahlen“, die ursprünglich aus der vedischen Kultur Indiens stammen, in Deutschland einführte, verursachte dies große Aufregung. Im Gegensatz zu den bis dahin verwendeten römischen Zahlen gibt es nämlich bei den vedischen Zahlen eine Null. Die Null ist keine Zahl an sich, aber der offene Raum, in dem mit Zahlen eine viel differenziertere Mathematik möglich ist. Mit den römischen Zahlen waren nur sehr einfache Rechenprozesse möglich. Eine Null aber machte vielen Gelehrten Angst, weil sie diese nicht greifen, nicht in ihre bestehende Vorstellung einordnen konnten. Das Sanskrit-Wort für Null ist „Shunya“ und in einigen spirituellen Traditionen, wie beispielsweise im Buddhismus, ist „Shunyata“ auch ein Begriff für „Erleuchtung“ oder für ein von allen Begrenzungen befreites Bewusstsein.

Im offenen Raum des Nicht-Wissens sind wir nicht darauf festgelegt, was geschehen soll und was richtig und falsch ist. Es kann die Grundlage für eine Lebenseinstellung sein, in der wir mit unserem Denken und Fühlen weise umgehen.

Doch wie die Null der vedischen Zahlen vielen Menschen Angst machte, haben auch viele Menschen Angst davor, offen und ohne vorgegebene Denkmodelle dem Leben zu begegnen. Im Grunde hätten wir heutzutage gute Voraussetzungen, um dem Leben offen im Raum des Nichtwissens zu begegnen. Die Bedürfnisse für das physische Überleben sind zumindest in westlichen Ländern recht gut abgedeckt. So sind wir weniger als in früheren Zeiten an Instinkte gebunden, die uns sagen, was wir tun müssen. Auch die tradierten Religionen oder gesellschaftlichen Vorstellungen sind heute weniger bindend und sagen uns nicht mehr so deutlich wie früher, wie wir denken sollen.

Doch das Potenzial für Freiheit, das diese Entwicklung mit sich bringt, wird von der heutigen Gesellschaft wenig genutzt. Freiheit zum offenen Erforschen des Lebens löst Unsicherheit aus. Man weiß ja nicht, was dabei herauskommen wird. Und so gestalten sich, in Abwesenheit der früheren Gegebenheiten von Überlebenskampf und Tradition, neue Normen. Die vielen Vorstellungen darüber, was sein soll, verdecken den offenen Raum, Shunyata. Die Psychoanalytikerin Karen Horney (1885–1952) schuf dafür den aussagekräftigen Begriff der „Tyrannei des Solls" (engl. „Tyranny of the Shoulds").

Aus Unsicherheit sucht der Mensch aber nicht einfach eine Lebensgestaltung nach eigenen Vorstellungen und Solls, er will Sicherheit durch Übereinstimmung. Und so einigen sich Kollektive auf Normen, darauf, was richtig und falsch ist, wie man zu denken hat, um auf der richtigen Seite des Lebens zu stehen. Wie fragil dabei diese kollektiven Normen sind, zeigt uns ein kurzer Blick in die Geschichte. Dabei müssen wir noch nicht einmal weit zurückgehen. Im Jahr 1997 erklärte der damalige US-Präsident Bill Clinton (geb. 1946): Jedes Land, das sich nicht für das westliche neoliberale Modell einer fast uneingeschränkten Entfaltung der Marktwirtschaft entscheidet, würde auf der falschen Seite der Geschichte enden. Heute zeigt schon die existenzielle Bedrohung der biologischen Lebensgrundlagen der Erde, dass eine völlig freie und auf ewigem Wachstum beruhende Marktwirtschaft wohl kaum die richtige Seite der Geschichte darstellen wird.

Sicherheit in Denkmodellen finden zu wollen, die für den Moment plausibel klingen mögen, ist also eine eher unsichere Angelegenheit. Wir wissen bei dem, was wir aktuell für richtig halten, oftmals nicht, was wir alles ausblenden und nicht wahrhaben wollen, eben damit unsere Sichtweise plausibel erscheint.

Reale Fortschritte und Verbesserungen der Lebensbedingungen entstanden oft aus einer Erschütterung der vorherrschenden Ideen über das Leben. Was als Normalität galt, wurde zumindest von manchen mutigen Menschen als Normopathie, als pathologische Übereinstimmung mit einer zutiefst lebensfeindlichen und untauglichen Sichtweise erkannt. Die Abschaffung der Sklaverei, die Wege zur Gleichberechtigung der Frau, die Erkenntnis, dass körperliche

Gewalt gegen Kinder kein legitimes Erziehungsmittel ist, und viele andere umwälzende Veränderungen waren nur möglich, weil die Normopathie zu diesen Themen aufgebrochen wurde.

In unserer aktuellen Weltlage ist Normopathie in vielen Lebensbereichen wirksam. Nur weil wir uns mit einem endlosen Strom an Unterhaltung, Information und Konsum ablenken können, bedeutet das nicht, dass unsere Gesellschaft auf einem gesunden und nachhaltig lebensfördernden Fundament aufbaut.

Die Digitalisierung und die damit einhergehende sofortige Verfügbarkeit von allem erziehen den Menschen zu einer wohligen Bequemlichkeit, in der ein klares Erkennen von Normopathie erschwert wird. Dieses Buch soll eine Anregung sein, die Bequemlichkeit vorgefasster und vom Gesellschaftskollektiv als normal abgesegneter Denkmodelle infrage zu stellen. Ein ergebnisoffenes Hinterfragen von Denkmodellen ist aber nicht zu verwechseln mit einer pauschalen Ablehnung. Vielleicht entdecken wir dabei sogar in manchen Denkmodellen einen größeren Wert als erwartet. Die Wahrheit wird sicher jede gründliche Prüfung überstehen. Nur was nicht sicher ist, was nicht auf Wahrheit gebaut ist, wird von einem Teil unserer Psyche, der sich mit Unsicherheit nicht anfreunden mag, nicht zur Überprüfung freigegeben.

Das Ziel dieses Buches besteht mithin weniger darin, Antworten zu geben, als vielmehr zu offenen und mutigen Fragen anzuregen. Im offenen Raum des Nicht-Wissens können uns Erkenntnisse dienen, ohne dass wir von ihnen Sicherheit und Halt brauchen. So können wir die Meisterinnen und Meister unserer Denkmodelle werden, anstatt ihre Untertanen zu sein. Vielleicht kann dergestalt auch ein Beitrag zu einer Gesellschaft entstehen, die weniger von dem Druck zur Übereinstimmung und mehr von einem offenen Erforschen des Lebens geprägt ist.

Christian Dittrich-Opitz, April 2021

I.

Was ist Normopathie? Zur Begriffsgeschichte

Wann, von wem und in welchem Zusammenhang wurde der Begriff der „Normopathie" geprägt? Dazu gibt es unterschiedliche Aussagen. Laut Dr. med. Mechthilde Kütemeyer (1938–2016), Fachärztin für Neurologie und Psychiatrie, Psychosomatik und Psychotherapie, „entdeckten" Viktor von Weizsäcker (1886–1957) und ihr eigener Vater Wilhelm Kütemeyer (1904–1972) „Begriff und Phänomen der Normopathie" Anfang der 50er-Jahre im Rahmen der Heidelberger Schule für Anthropologische Medizin. Bei der Untersuchung schwerer körperlicher Krankheiten bei psychisch scheinbar normalen Patienten habe sich eine „normopathische Pathologie" gezeigt, wenn die sogenannte „biografische Methode" angewendet wurde.[2]

Wikipedia schreibt in seinem Beitrag „Normopathie"[3] den Begriff dem Psychiater und Professor für Sozialpsychiatrie Erich Adalbert Wulff (1926–2010) zu. Er verwendete ihn in seinem 1972 erschienenen Werk „Psychiatrie und Klassengesellschaft"[4] in Verbindung mit „bestimmten Persönlichkeitsstrukturen". Wulff arbeitete etliche Jahre in Vietnam und regte u. a. zu einer „transkulturellen

2 Vgl. Mechthilde Kütemeyer, Normopathie – hypersoziale Traumaverarbeitung und somatoforme Dissoziation, in: Psychotherapie im Alter, 2007, 4(1), S. 39–53.

3 Vgl. https://de.wikipedia.org/wiki/Normopathie (4.2.2021).

4 Wulff, Erich, Psychiatrie und Klassengesellschaft. Zur Begriffs- und Sozialkritik der Psychiatrie und Medizin, Athenäum Verlag, Frankfurt a. M. 1972.

Psychiatrie“ an. Eine solche „vergleichende Psychiatrie“ könne zeigen, dass bestimmte psychische Erkrankungen nur unter besonderen gesellschaftlichen Bedingungen auftreten. Ökonomische Zwänge und kulturelle Leitbilder führen zu Sozialisationsformen, die Krankheitsdispositionen hervorbringen. Diese bevorzugen zu ihrer Manifestation wiederum bestimmte gesellschaftliche Konstellationen. Es geht also um Wechselbeziehungen zwischen seelischen Erkrankungen und gesellschaftlichen Zuständen.[5]

Der Neurologe und erfahrene Psychotherapeut Hans-Joachim Maaz (geb. 1943) wiederum vermutet den Ursprung des Begriffs in Hannah Arendts (1906–1975) Analyse der „Banalität des Bösen“. Viktor von Weizsäcker und Hannah Ahrendt hatten sich mit dem Eichmann-Prozess auseinandergesetzt und mit ihrer Einschätzung von der „Banalität des Bösen“ starke Kritik erfahren. Doch auch Maaz vertritt die Auffassung, „dass ‚die Bösen‘ keine geborenen Monster sind, sondern Durchschnittsbürger, die aus psychosozialer Selbstentfremdung fähig werden, Verbrechen zu begehen, deren psychosoziale Störung aber nicht mehr erkannt wird, wenn eine Mehrheit davon betroffen ist“[6].

Zunächst wollen wir uns aber einer Pionierarbeit zuwenden, der wohl frühesten und richtungsweisenden Thematisierung der Normopathie.

1. Erich Fromms Pathologie der Normalität

Erich Fromm (1900–1980), einer der bedeutendsten Psychoanalytiker des 20. Jahrhunderts, hat mit seinen 1953 in New York gehaltenen Vorlesungen über die Pathologie der Normalität die Grundlagen dafür geschaffen, dass seelische Gesundheit und Krankheit in Verbindung mit gesellschaftlichen Strukturen gesehen

5 Vgl. Erich Wulff, Grundfragen transkultureller Psychiatrie, in: Das Argument, H. 50, 1969, S. 227–247 (online); Nachdruck in: Argument Studienhefte, H. 23, Berlin 1979. *http://www.inkrit.de/mediadaten/archivargument/DA050/DA050.pdf#page=231*

6 Maaz, Hans-Joachim, Das falsche Leben. Ursachen und Folgen unserer normopathischen Gesellschaft, C. H. Beck Verlag, München 2017, S. 129–130 (Kindle-Version).

werden können. Erstmals wurde die Frage gestellt, ob eine ganze Gesellschaft krank sein kann. Fromm bezog sich dabei nicht etwa auf Adolf Hitlers (1889–1945) Nationalsozialismus oder den noch herrschenden Stalinismus in der Sowjetunion, sondern auf die USA der 50er-Jahre. Seine tiefgründigen Analysen sind aktueller denn je, auch und gerade für uns und unsere Gesellschaft heute.

2. Seelische Gesundheit in der modernen Welt

Die erste Vorlesung ist der Frage gewidmet, was seelische Gesundheit im Verhältnis zur Gesellschaft ausmacht.

Geht man statistisch-quantitativ an die Frage heran – was Fromm hier für wenig aussagekräftig hält –, so lässt sich immerhin sagen, dass in den USA Anfang der 50er-Jahre über die Hälfte aller Krankenhausbetten von Menschen mit seelischer Erkrankung belegt ist.[7] Das ist ein erschreckend hoher Prozentsatz. Auch in europäischen Ländern wie der Schweiz oder Deutschland gibt es erstaunlich viele Fälle von Depression, Alkoholismus und Suizid. Dabei sind die meisten Menschen mit allem Lebensnotwendigen versorgt. Sie können sich relativ sicher und frei fühlen. Dennoch führt der materielle Wohlstand nicht zu mehr Glück.

Bei der inhaltlichen, qualitativen Herangehensweise bevorzugen die meisten Soziologen einen relativistischen Ansatz. Dabei gilt als seelisch gesund, wer den Normen der jeweiligen Gesellschaft entspricht. Fromm hält das für zu kurz gedacht. Das würde ja bedeuten, dass jemand allein deshalb seelisch gesund sei, weil er sich an das angepasst hat, was in der Gesellschaft als normal gilt. Was aber, wenn es sich dabei um eine totalitäre und destruktive Gesellschaftsform handelt, in der die Menschen wider ihr besseres Wissen und Gewissen handeln müssen, in der Aggression und Paranoia „normal" sind? Im Rahmen der Anpassungstheorie wird das soziale Umfeld,

7 Vgl. Erich Fromm, Die Pathologie der Normalität. Zur Wissenschaft vom Menschen, Edition Erich Fromm, Gesamtausgabe, Tübingen 1999, Band XI, S. 213 (E-Book, Berlin 2015, Kindle-Version, Pos. 168 von 3067).

die Familie, die eigene Nation und Rasse als normal, gesund und richtig empfunden, wohingegen die Lebensweise der anderen als fremd, unnormal und sogar verrückt angesehen wird.[8]

Als Pionier der Sozialpsychologie verfolgt Fromm einen nicht-relativistischen Ansatz. Er orientiert sich an allgemeingültigen Werten, nach denen sich für jede beliebige Gesellschaft bestimmen lässt, ob sie seelische Gesundheit fördert oder verhindert. Ein solcher Wert ist „Lebendigkeit". So kann ein Arzt erkennen, welche Art von Nahrung und Lebensweise gesund ist und welche nicht. Dies gilt laut Fromm auch für die Seele.

Anpassung spielt unübersehbar eine zentrale Rolle. Müsste jemand aus einer kriegerischen Gesellschaft in einer friedlichen Ackerbaukultur leben, würde er sich ebenso unwohl fühlen wie seine Mitmenschen in seiner Nähe.[9] Doch so entstehen Anstöße für eine Entwicklung in der Gesellschaft. Wären alle stets konform, dann säßen wir heute noch in Höhlen. Doch beide Haltungen sind für die Entwicklung, ja für das Überleben jeder menschlichen Gesellschaft notwendig, die Verweigerung der Anpassung ebenso wie die Bereitschaft dazu.[10]

3. Merkmale der modernen Gesellschaft

Fromm zählt fünf Merkmale unserer heutigen modernen Gesellschaft auf:

- **Persönliche Freiheit.** Der Mensch ist nicht mehr durch seinen Stand oder seine Zunft definiert. Er ist aus der Gruppe herausgetreten, hat aber zugleich Angst vor dieser Freiheit und sucht nun Halt in der Anpassung.
- **Individuelles Unternehmertum.** Eine moderne Errungenschaft gegenüber der mittelalterlichen Gesellschaft.

8 Vgl. Erich Fromm, Die Pathologie der Normalität. Zur Wissenschaft vom Menschen, a. a. O., Pos. 214.
9 Vgl., ebd., Pos. 248.
10 Ebd., Pos. 260.

Allerdings ist die Eigeninitiative im Vergleich zum 19. Jahrhundert stark zurückgegangen.

- **Die Beherrschung der Natur.** Der Haken dabei ist: Unsere Maschinen beherrschen uns.[11]
- **Der wissenschaftliche Ansatz.** Ursprünglich das Bemühen um Objektivität und Wahrheitsfindung. Doch nun werden wissenschaftliche Feststellungen geglaubt wie früher religiöse Dogmen.
- **Die politische Demokratie.** Ein Fortschritt gegenüber der absolutistischen Herrschaftsform. Doch sie berücksichtigt nicht die Interessen der Einzelnen bei Angelegenheiten, die die Gesellschaft betreffen.

Alle fünf Merkmale sind laut Fromm in erster Linie Negationen der vormodernen Strukturen. Aber: „Wir müssen die Ebene der Negation überschreiten und zu neuen, positiveren Formulierungen dessen kommen, was wir wollen.“[12]

4. Bedingungen des Menschen und psychische Bedürfnisse

Was sind die eigentlichen Bedürfnisse des modernen Menschen? Fromm kommt zwar vom marxistischen Sozialismus her, doch er kritisiert daran u. a., dass man sich zu sehr auf die ökonomischen Aspekte konzentriert und die psychischen Bedürfnisse außer Acht lässt. Die Frage, welchen Sinn das eigene Dasein hat, ist von existenzieller Dringlichkeit und nicht nur abstrakt-philosophischer Natur:

„Es ist uns unmöglich, nur zu leben, zu essen und zu trinken, ohne dem Leben einen Sinn zu geben.“[13]

„Der Mensch lebt nicht von Brot allein“, heißt es bereits in der Bibel. Allerdings plädiert Fromm nicht dafür, zu früheren Formen

---

11 Ebd., Pos. 324.
12 Ebd., Pos. 360.
13 Ebd., Pos. 394.

religiöser Glaubenspraxis zurückzukehren. Es braucht zwar etwas, für das es sich zu arbeiten und ein nützliches Mitglied der Gemeinschaft zu sein lohnt[14], doch diese Art von Religion erfordert keine bestimmten Glaubensinhalte und dient eher als „System der Orientierung und als Objekt der Hingabe“[15].

5. Psychische Gesundheit und das Bedürfnis nach Religion

Die meisten Menschen orientieren sich bei der Sinnfrage an dem, was als „normal“ gilt, also an dem, was die Mehrheit der Gesellschaft glaubt. Die wenigen, die tiefschürfender suchen und ihre Privatreligion kreieren, gelten als schräge Vögel oder sogar als verrückt. Sich als Idealist darzustellen ist kein besonderes Merkmal. Wir alle sind Idealisten und leben nach bestimmten Vorstellungen und Idealen. Entscheidend ist, ob die Ideale zur Destruktion führen oder lebensbejahend und aufbauend sind.

Fromm bringt in diesen Vorträgen bereits deutlich seine humanistische Einstellung zum Ausdruck, die durch spätere Werke wie „Haben oder Sein“ sein Markenzeichen wurden. Sinn und Ziel des Lebens entsprechen der Natur des Menschen: „Fähig zu sein zu lieben, fähig zu sein, seine eigene Vernunft zu gebrauchen, und fähig zu sein, jene Objektivität und Bescheidenheit zu haben, mit der der Mensch die Wirklichkeit außerhalb von sich und in sich selbst in einer nicht-entfremdeten Weise erlebt.“[16]

6. Aspekte der Sinnfrage in der gegenwärtigen Kultur

In der zweiten Vorlesung beleuchtet Fromm, woran es den Menschen in der modernen Gesellschaft eigentlich mangelt. Generell

14 Ebd., Pos. 400.
15 Ebd., Pos. 406.
16 Ebd., Pos. 459-466.

braucht unser Leben einerseits eine Routine, andererseits aber auch etwas Tieferes, das uns aufrüttelt, berührt und inspiriert. In der griechischen Antike spielte das Drama diese Rolle, und zwar aufgrund seiner kathartischen, d. h. reinigenden Wirkung. Ähnlich wirkten im Mittelalter die Rituale und Inhalte der christlichen Religion. An ihre Stelle ist heute eine Art Vakuum getreten, das notdürftig und nur scheinbar mit Werten gefüllt wird:

- **Arbeit.** Vom Handwerk im Mittelalter über die Arbeit als Tugend und Pflicht in der protestantischen Ethik und die Zwangsarbeit im Industriezeitalter bis zum Profitstreben im Kapitalismus hat sich der Sinn der Arbeit erheblich gewandelt. Heute wird das Wachstum der Produktionsmaschinen bewundert. Als erstrebenswert gelten die Bequemlichkeit und das Machtgefühl, alles per Knopfdruck zu beherrschen – vom Fernseher bis zur Atombombe. Maximale Wirkung bei minimalem Aufwand.
- **Produktion und Konsum.** Produzieren, immer mehr, grenzenlos, weil wir zu Konsumenten von allem geworden sind. Wissenschaft, Kunst, Seminare, Liebe. Wir zahlen und haben einen Anspruch darauf, das Gewünschte zu bekommen.[17]
- **Glück.** Echtes Glück ist mit intensiver Lebendigkeit verbunden. Die fehlt aber den meisten Menschen in der modernen Gesellschaft. Jeder versucht, so effektiv wie möglich der inneren Leere durch Ablenkungen aller Art zu entkommen. „Abwehrformen, die wir Vergnügen und Arbeit nennen."[18]
- **Sicherheit.** Dies ist besonders wichtig im Hinblick auf Normopathie. Sie lässt sich nur durch Anpassung und Verdrängung von Gefühlen erreichen. Sicherheit wird so zum Gegensatz von Freude, die das Ergebnis intensiven Lebens ist.[19]

17 Vgl., ebd., Pos. 680.
18 Ebd., Pos. 746.
19 Ebd., Pos. 773.

7. Die Entfremdung als Krankheit des Menschen von heute

In seiner dritten Vorlesung führt Fromm die Entfremdung als Schlüsselbegriff für seinen Ansatz ein. In der Philosophie und Theologie wurde und wird damit meist die Abspaltung von einer ursprünglichen Einheit des Menschen mit der Natur oder mit Gott bezeichnet. Soziologen und Psychologen sprechen eher von einer Entfremdung des Menschen von sich selbst, von seiner Arbeit oder von der Gemeinschaft. Fromm bezieht sich vor allem auf den Verlust des Konkreten oder Wirklichen durch die Abstraktion von allen individuellen Qualitäten. Dinge werden nicht mehr in ihrem Gebrauchs-, sondern in ihrem Tausch- bzw. Geldwert, also als Ware wahrgenommen. Im Umgang mit Menschen hat die Abstraktion noch schlimmere Folgen. Der Mensch reduziert sich selbst auf seinen Wert auf dem Berufsmarkt. Fromm bringt als Beispiel Überschriften aus den Lokalnachrichten. Da wird der Tod eines Schuhfabrikanten vermeldet. Nur der Beruf zählt noch, die konkrete Person, der Mensch selbst wird zum bloßen Objekt, zur Ware.[20]

Dieselbe Art von Entfremdung = Abstraktion geschieht in der Sprache, in der Kommunikation, im Umgang mit unseren Gefühlen, in der Politik. Worte werden ausgetauscht, und zwar nicht um ein Gefühl, eine echte innere Regung mitzuteilen, sondern um eine Leere zu überdecken. Kaum ein Gespräch hat Lebendigkeit.[21]

Wir vermeiden das unmittelbare Fühlen von Liebe, Hass, Angst, Wut, Zweifel und Trauer. Vor allem der Tod wird auf Distanz gehalten, äußerlich und innerlich. Tränen werden allenfalls vergossen, wenn im Kino die Geliebte des Helden in seinen Armen stirbt. Sentimentalität statt echter, auf die Wirklichkeit, auf das Konkrete bezogener Gefühle.

Hier geht es nicht um die philosophische Erkenntnis von Wirklichkeit, sondern darum, authentisch zu sein. Wie können wir

---

20 Vgl., ebd., Pos. 889.
21 Vgl., ebd., Pos. 956.

diesen Schleier aus Floskeln und Werbesprüchen, Small Talk über Business und das neue Auto, über Erfolg und Leistung in Beruf und Freizeit durchdringen? Und wer will das? Wozu? Tatsache ist: Wer sich in Fromms Sinne bemüht, wieder mit der echten Menschlichkeit in Kontakt zu kommen, blüht auf. Das gibt echte Kraft und Energie. Wir sehen es bei alten Menschen, die Lebendigkeit, Weisheit und Mitgefühl ausstrahlen. Sie haben nicht nur als Konsumenten gelebt – man muss schon sagen, sie wurden nicht gelebt, sondern sie haben sich voll und ganz eingebracht, auf ihre ganz individuelle Art.

Ein Merkmal der heutigen, nur auf Abstraktionen bezogenen Gesellschaft ist die Langeweile. Ihr Spektrum reicht von Melancholie bis zu tiefster Depression. „Wer sich den Tag so gestaltet, dass keine Zeit mehr übrig bleibt, den überkommt keine Langeweile. Gäbe es diese Möglichkeit, der Langeweile zu entkommen, nicht, dann müssten wir innerhalb kürzester Zeit für Millionen von Menschen psychiatrische Kliniken bauen.“[22]

Die Entfremdung betrifft laut Fromm zwei weitere Bereiche, die sehr verschieden scheinen und zugleich wesentlich sind: die Wissenschaft und die Liebe. Beide fordern unbedingt den konkreten Bezug auf die Wirklichkeit. In der Wissenschaft dringt nur die Vernunft, nicht aber die zweckgebundene Intelligenz in die Tiefe vor und entdeckt wirklich Neues.[23]

In der Liebe bedarf es der Zärtlichkeit. Sie hat ihren Spielraum zwischen den gängigen Polen von Sex und Freundschaft. Doch gerade diese Eigenschaft wird immer seltener. In manchen französischen Filmen sieht sie Fromm noch dargestellt, nicht aber in den amerikanischen Filmen der 50er-Jahre.

Sein allgemeines Fazit lautet: Das Problem ist „unser Dahinleben, ohne zu wissen, wofür dies alles gut sein soll, unsere Gleichgültigkeit uns selbst und der Zukunft gegenüber“.[24]

22 Ebd., Pos. 1054.
23 Vgl., ebd., Pos. 1126.
24 Ebd., Pos. 1197.

8. Sozialistische Visionen zur Überwindung der kranken Gesellschaft

In der vierten und letzten Vorlesung der Reihe „Pathologie der Normalität" skizziert Fromm seine Vision einer nicht-entfremdeten, psychisch gesunden Gesellschaft. Darin ist der „messianische" Gedanke der Bibel von der Rückkehr des Menschen ins Paradies verbunden mit der sozialistischen Vorstellung einer klassenlosen Gesellschaft freier, glücklicher und friedliebender Mitglieder.

Fromm hatte sich offen zum Sozialismus bekannt und war Mitglied der Sozialistischen Partei Amerikas (Socialist Party of America, SPA). In der sogenannten McCarthy-Ära der 50er-Jahre galt der Kommunismus als Feind Nummer eins der US-Demokratie bzw. der „freien Welt". Das FBI ließ Fromm überwachen, es existierte ein 600 Seiten umfassendes Buch mit Protokollen über ihn. In seiner vierten Vorlesung macht er noch einmal deutlich, dass er den Stalinismus der Sowjetunion ebenso verabscheut, wie es fast alle US-Bürger tun. Diese „Diktatur des Proletariats" sei das Gegenteil von dem, was die Sozialisten des 19. Jahrhunderts ursprünglich wollten. Sie hatten die „gemeinsame Vision von einer Gesellschaft, in der der Mensch Selbstzweck und in der der einzelne Bürger tätig und verantwortlich ist und mit seinen Mitmenschen im Geist der Kooperation, der Solidarität und brüderlichen Liebe zusammenlebt".[25]

Den marxistischen Sozialisten, zu denen auch Fromm in Europa Anfang der 30er-Jahre gehörte, wirft er nun Naivität vor. Ihre Prognose, dass die Arbeiter im Kapitalismus unter den ökonomischen Verhältnissen unerträglich leiden und sich dagegen wehren würden, hat sich zumindest in den USA nicht bewahrheitet. Wenn es eine Not gibt, dann liegt sie – zumindest was die weiße Bevölkerung angeht – nicht in mangelndem Wohlstand und sklavenartiger Unterdrückung. Vielmehr leiden die Menschen, oft ohne sich dessen bewusst zu sein, unter der Sinnlosigkeit des Daseins und einer

25 Ebd., Pos. 1212.

inneren Leere, die selbst durch noch so viel Konsum nicht gefüllt werden kann.

Fromm stimmt dem Biologen und Philosophen Sir Julian Huxley (1887–1975)[26] zu, der 1952 in einem Vortrag auf dem Humanistischen Kongress in Amsterdam dazu aufgerufen hatte, eine neue humanistische Religion ohne Gottesvorstellung zu etablieren. Damit wird auch die biblische Vision aufgegriffen, wonach sich der Mensch nach seiner Vertreibung aus dem Paradies mithilfe der Vernunft so weit entwickelt, dass er auf einer neuen, höheren Ebene wieder eins mit der Natur und der (Welt-)Gemeinschaft wird.

Hier sind bereits Ansätze zur heutigen Ideologie des Transhumanismus zu erkennen. Denn der Mensch hat die verbotenen Früchte gegessen und – wie es scheint – etwas geschaffen, das eine Rückkehr ins alte Paradies überflüssig macht. „Er erkennt, dass er dabei ist, etwas hervorzubringen, das höher und besser ist als das, was er verlassen hat."[27]

9. Zukünftige Aufgaben

Fromms Kritik an der amerikanischen Gesellschaft ist konstruktiv gemeint. Er ist optimistisch, dass die von ihm angesprochenen Defizite – die Entfremdung und die Orientierungslosigkeit – behoben werden können. Die Demokratie, der verbesserte ökonomische Wohlstand und der vom Aberglauben befreite wissenschaftliche Geist sind wichtige Errungenschaften. Sie ermöglichen weitere notwendige Schritte: „Die Sozialisierung der Arbeitsbedingungen und der Funktionen der Arbeiter, so dass der einzelne Mensch bei seiner Arbeit zu einer tätigen, kooperativen Person werden kann und die Arbeit selbst wieder ihre Würde zurückerhält, wieder sinnvoll wird, zu einem Ausdruck der Lebenskraft eines Menschen wird."[28]

---

26 Julian Huxley trug als erster UNESCO-Generaldirektor maßgeblich zur Allgemeinen Erklärung der Menschenrechte bei.

27 Fromm, Erich, Die Pathologie der Normalität. Zur Wissenschaft vom Menschen, a. a. O., Pos. 1226/1232.

28 Ebd., Pos. 1385.

Nicht nur die Freisetzung physischer Energie wie in der Kernspaltung ist für die weitere Entwicklung der Gesellschaft wichtig, sondern es gilt, Institutionen einzurichten, die die Freisetzung menschlicher, psychischer Energien ermöglichen und sie in die Gesellschaft integrieren. Was die Veränderung angeht, so sollte grundsätzlich jeder bei sich selbst beginnen, indem er sich fragt, was er sich wünscht und selbst einbringen könnte, denn die eigene Wahrnehmung ist eine unabdingbare Basis für verantwortliches Handeln.[29]

Fromm blieb bis zum Ende seines Lebens seinem humanistischen Ansatz treu. 1950 siedelte er von den Vereinigten Staaten nach Mexiko über, wo der amerikanische Lebensstil noch nicht so ausgeprägt war. Er schrieb dort die Besteller „Die Kunst des Liebens“ und „Wege aus einer kranken Gesellschaft“. In den 60er- und 70er-Jahren engagierte er sich in der Friedensbewegung in den USA. Die letzten sieben Jahre seines Lebens verbrachte er in Locarno in der Schweiz, wo er sein letztes berühmtes Buch über die seelischen Grundlagen einer gesunden Gesellschaft veröffentlichte: „Haben oder Sein“.

Die von Fromm beschriebenen notwendigen Schritte hin zu einer gesunden Gesellschaft sind immer noch zu tun. Wir kommen darauf zurück.

10. Rainer Mausfeld: Die Normopathie des Neoliberalismus

> *„Zweihundert Jahre nach der Aufklärung, auf die wir uns in der politischen Rhetorik so viel zugutehalten, leben wir in einer Zeit der radikalen Gegenaufklärung.“*[30]
>
> (Rainer Mausfeld)

---

29 Vgl., ebd., Pos. 1430.

30 Mausfeld, Rainer, Warum schweigen die Lämmer? Wie Elitendemokratie und Neoliberalismus unsere Gesellschaft und unsere Lebensgrundlagen zerstören, Westend Verlag, Frankfurt a. M. 2019, S. 13.

Rainer Mausfeld (geb. 1949), emeritierter Professor für Wahrnehmungs- und Kognitionsforschung der Universität Kiel, stellt in seinem Buch „Warum schweigen die Lämmer?“ u. a. eine detaillierte Analyse der Meinungsbildung vor, die von den neoliberalen Eliten ausgeht. Mausfeld benutzt nicht explizit den Begriff der Normopathie, zeigt aber den normopathischen Druck auf, gesellschaftliche Entwicklungen als normal und alternativlos zu akzeptieren, die eigentlich völlig inakzeptabel und für den individuellen Wohlstand der Menschen, ihre Gesundheit und ihre persönliche Freiheit sowie für die Lebensgrundlagen auf der Erde zutiefst schädlich sind. Wie dieser Mechanismus wirkt, legt Mausfeld anhand von einigen wesentlichen Punkten dar, die wir hier mit unseren eigenen Worten wiedergeben.

1. Die westliche neoliberale Gesellschaft macht ihre Verbrechen unsichtbar. Im Geschichtsunterricht in den Schulen der BRD wurden in den 80er-Jahren der Prager Frühling und andere anti-demokratische Interventionen der Sowjetunion sehr kritisch dargestellt. Zugleich wurde in der gesamten Medienlandschaft die USA als die Beschützermacht der freien Welt gelobt. Dabei hat kein anderes Land seit dem 2. Weltkrieg annährend so viele anti-demokratische Staatsstreiche und Ermordungen demokratisch gewählter Führer veranlasst wie die USA. Als die Carter-Regierung die Taliban bewaffnete, um eine demokratisch gewählte afghanische Regierung zu stürzen, präsentierte sie diese als redliche Freiheitskämpfer – eine Darstellung, die auch vom Deutschen Fernsehen an das Publikum weitergereicht wurde. Ebenso ging die Reagan-Regierung bei der Unterstützung Saddam Husseins (1937–2006) vor, als er völkerrechtswidrig den Iran angriff: Saddam Hussein galt in der westlichen Presse auf einmal als wichtiger Verbündeter.

   Wie oft gedenken wir in westlichen Ländern Mohammad Mossadegh (1882–1967), Salvador Allende (1908–1973) und anderer demokratisch gewählter Staatschefs, die durch die USA gestürzt wurden? Neben der Politik, die sehr oft ein verlängerter Arm der Wirtschaftsinteressen ist, hat die moderne neoliberale Wirtschaftsordnung in den letzten 50 Jahren globale ökologische Schäden verursacht, deren Ausmaß kaum noch umfassend beschrieben werden kann. Trotzdem schaffen es Politik und Medien, unser westlich-neoliberales System als grundlegend demokratisch und menschenfreundlich darzustellen. Wie viel Realität muss ignoriert werden, um dieses Bild aufrechtzuerhalten?

2. Die Machteliten wollen keine echte, sondern eine Scheindemokratie. Die Darstellung der neoliberalen Ordnung als demokratisch verschleiert die wahren Interessen der Machteliten und erzeugt den moralischen Druck bei der Bevölkerung, das System grundlegend zu unterstützen, weil es ja „demokratisch" ist. Unverhohlen sprechen manche Mitgestalter des Neoliberalismus, die Mausfeld zitiert, von der Demokratiehülle, die notwendig ist, um die eigenen Machtinteressen beim Volk legitim erscheinen zu lassen.
3. Sprache wird bewusst manipulativ eingesetzt, um eine vorgegebene Meinungsbildung in der Bevölkerung zu erzeugen. Mausfeld benutzt hier den originellen Begriff des „Orwellschen Neusprechs". Interessant ist in Bezug auf das Thema „Normopathie" besonders die Verwendung von Begriffen wie „Verschwörungstheorie", „Rechtspopulismus", „alternativlos" u. a. die, so Mausfeld, aus wichtigen Diskussionsthemen intellektuelles Sperrgebiet machen. Dieser Begriff des intellektuellen Sperrgebiets beschreibt sehr präzise, wie die Verwendung bestimmter Begriffe ein emotionales Tabu in Menschen setzt, bestimmte Ansichten überhaupt anzuhören. Äußern sich Menschen kritisch zu Aspekten der neoliberalen Ordnung und ihrer Auswüchse, muss nur die Bezeichnung „Verschwörungstheoretiker" fallen, und schon sind die Betreffenden unglaubwürdig. Eine andere Art der Manipulation durch Schlagworte geschieht z. B.

durch Begriffe wie „alternativlos“, „Stabilität“, „Arbeitsplatzsicherung“, „Gesetze des freien Markts“ oder „Bevölkerungsschutz“. Es sind einfach nur Schlagworte ohne Inhalt, die aber einen unbewussten Reflex provozieren. Wenn das Schlagwort fällt, übernehmen diejenigen, die es verwenden, automatisch eine gefühlte Deutungshoheit darüber, was richtig ist.

Die häufig thematisierte Schere zwischen Arm und Reich ist keine unglückliche Entwicklung, die einfach so geschieht. Sie ist das Ergebnis gezielter Manipulation der Bevölkerung. Aufgrund eines sprachlich und medial erzeugten Drucks trägt sie politische Entscheidungen mit, die diese Schere zwingend immer größer werden lassen. Normopathie bedeutet hier tatsächlich, dem zuzustimmen, was einem selbst schadet, und zwar in der irrigen, aufgedrängten Annahme, es sei ja das Gute, das Richtige und ohnehin alternativlos.

Es ist menschlich zutiefst verständlich, dass dieser Mechanismus funktioniert. Das sogenannte „Stockholm-Syndrom“, das Geiseln dazu bringt, sich mit ihren Entführern zu solidarisieren, oder die Fälle von Sklaven in den Südstaaten der USA, die im amerikanischen Bürgerkrieg freiwillig ihre Besitzer im Kampfe gegen ihre potenziellen Befreier unterstützten, sind gute Beispiele für eine Schwäche des menschlichen Unterscheidungsvermögens, die in uns allen angelegt ist.

Wenn das Thema „Normopathie“ angesprochen wird, hört man manchmal den Einwand, dass „Menschen doch nicht so dumm sind“. Es geht dabei aber nicht um etwas so Einfaches wie Dummheit. Die Mechanismen in der menschlichen Psyche, die dazu führen, dass wir auf Manipulation hereinfallen, sind unabhängig von Intelligenz im herkömmlichen Sinne, von Bildung oder von der Fähigkeit, in manchen Bereichen des Lebens sehr wohl kritisch denken zu können. Gerade Kognitionsforscher wie Mausfeld leisten einen wichtigen Beitrag dazu, diese Mechanismen besser zu verstehen.

11. Hans-Joachim Maaz: Falsches Leben, falsches Selbst

„Normopathie' ist die Anpassung an mehrheitliche Meinungen und Positionen, nicht weil diese etwa wahr sind oder als beste Möglichkeit das Leben sichern, sondern weil das ‚falsche Leben' damit am besten kaschiert und verleugnet werden kann."[31]

So definiert der deutsche Psychiater Hans-Joachim Maaz (geb. 1943) Normopathie in seinem Buch „Das falsche Leben". Die Weichen für ein sogenanntes falsches, uneigentliches Leben werden in frühester Kindheit gestellt. Werden die Bedürfnisse des Kleinkindes nicht angemessen wahrgenommen und liebevoll beantwortet, dann entwickelt es ein „falsches Selbst". Maaz beschreibt verschiedene Typen oder Ausprägungen, etwa das unerfüllte, das gehemmte, das gequälte, das überforderte oder das bedrohte Selbst. Das falsche Selbst bleibt stets unerfüllt, was sich später in Suchtproblemen, Narzissmus, Masochismus, Depression und diversen anderen psychischen Problemen äußern kann.

Die Begriffe „falsches Leben" und „falsches Selbst" zeigen an, dass ein „echtes Leben" und ein „wahres Selbst" möglich sind. Eine Voraussetzung dafür ist laut Maaz, dass die Eltern ihre Kinder nicht nach den herkömmlichen Regeln erziehen, z. B. durch Belohnen und Bestrafen, sondern eine echte Beziehung zum Kind pflegen. „Beziehung statt Erziehung heißt Liebe statt Macht, Gemeinschaft statt Konkurrenz, natürliche Leistungsdynamik statt künstlicher übertriebener Anstrengung."[32]

Entsprechend liegt der Schlüssel zum richtigen oder heilen Leben in einer funktionierenden Beziehungskultur. Darauf geht Maaz vor allem im letzten Teil seines Buches ein. Zunächst stellt er sehr genau und überzeugend dar, wie es zu den verschiedenen

---

31 Maaz, Hans-Joachim, Das falsche Leben. Ursachen und Folgen unserer normopathischen Gesellschaft, C. H. Beck Verlag, München 2017, S. 131.

32 Maaz, Hans-Joachim, Das falsche Leben, a. a. O., S. 14.

Arten des falschen Selbst kommt, die dann in der normopathischen Gesellschaft ihr falsches Leben zu führen versuchen.

Das Selbst ist naturgegeben und bereits bei der Geburt vorhanden, während sich das Ich erst später herausbildet und bemüht ist, die Fehlentwicklungen und Diskrepanzen zur Außenwelt auszugleichen. Auf Fromms berühmtes Buch „Haben und Sein“ anspielend, schreibt Maaz: „Es ist der Unterschied zwischen Haben und Sein. Das Ich hat, aber es ist nicht. Das Selbst ist, aber es hat nicht.“[33] Das Ich nimmt alles in Besitz: meine Leistungen, meine Freunde, meine Gefühle, meine Geschichte. Es versucht dergestalt, die Selbst-Störungen und Gefühle von Minderwertigkeit zu kaschieren. Die Erfolgreichen auf dem Siegerpodest sind nicht so glücklich, wie es scheint. Hinter der stolzen Fassade verbirgt sich oft ein verletztes Selbst.

Um das eigene falsche Leben nicht in seiner im Grunde leidvollen Unwahrhaftigkeit erkennen und spüren zu müssen, entwickelt das falsche Selbst psychosoziale Abwehrfunktionen:

- **Spaltung** – Was ich an mir selbst nicht wahrhaben will oder kann, wird außerhalb von mir untergebracht und als feindlich bekämpft. „Die gespaltene Welt ist das Schlachtfeld des falschen Selbst.“[34]
- **Projektion** – Die häufigste Folge der Spaltung. Nicht akzeptierte eigene Eigenschaften werden in anderen Personen wahrgenommen, die entweder verteufelt oder bewundert werden.
- **Reaktionsbildung** – Das falsche Selbst gibt sich als das Gegenteil der abgelehnten Eigenschaften aus. „Der Helfer verbirgt seine Hilfsbedürftigkeit, der Mächtige seine Ohnmachtsgefühle und der Erfolgreiche seine Minderwertigkeit.“ Doch dieses betonte Gegenteil „muss sich wie jede Kompensation immer stärker und häufiger zeigen und beweisen“[35].

33 Ebd., S. 21.
34 Ebd., S. 50.
35 Ebd., S. 52.

12. Die Normopathie in der jüngeren deutschen Geschichte

In seiner jahrzehntelangen Praxis als Psychotherapeut konnte Maaz zunehmend die Zusammenhänge zwischen dem individuellen Leid des gestörten Selbst und dem kollektiven Krankheitsbild der Normopathie erkennen. Schon in jungen Jahren hatte ihn die Frage bewegt, wie ein ganzes Volk zu derartig grausigen Verbrechen wie die im Nationalsozialismus begangenen fähig sein konnte. Ähnlich wie die Philosophin Hannah Ahrendt (1906–1975) sieht er, dass nicht Monster für das „Böse" verantwortlich sind, sondern ganz normale Menschen. Sie können ihre eigene psychosoziale Störung nicht als solche erkennen, weil ihr Denken, Fühlen und Verhalten in ihrer Gesellschaft als normal gelten. So „kann eine kollektive Krankheit entstehen, die keiner mehr wahrhaben will und nur noch wenige erkennen können. Letztere werden dann aber sofort gemobbt, ausgegrenzt, beschimpft und diffamiert."[36]

Genau auf diesen wunden Punkt legt Maaz seinen Finger. Das betrifft unsere aktuelle Situation in unserer demokratischen Gesellschaft. „Die Auflösung demokratischer Strukturen beginnt, wenn jeder substanzielle Protest mit einer Schlagwortkeule, z. B. ‚populistisch', ‚rechtsextrem', ‚rassistisch' oder ‚sexistisch', moralisierend abgewertet und zum Schweigen gebracht werden soll. Demokratie lebt von der Opposition! Opposition muss gepflegt werden, gehütet, beschützt und gefördert werden, sonst stirbt auch die Demokratie."[37]

Gerade auffällige Proteste, die bei Politikern und breiten Teilen der Bevölkerung Unverständnis oder Unmut auslösen, erfordern eine kritische Analyse ihrer Ursachen. Es ist ein Zeichen von Inkompetenz, wenn Politiker oder Medien die Proteste beschimpfen, statt verstehen zu wollen, was da zum Ausdruck gebracht werden soll. Und wenn einschränkende Maßnahmen als alternativlos dargestellt

36 Ebd., S. 130.
37 Ebd., S. 131.

werden, dann ist das ein Warnsignal. „‚Alternativlos' als politische Position ist der Totengräber der Demokratie."[38]

In den beiden deutschen Staaten entstand laut Maaz eine „Demokratie ohne Demokraten". In der ehemaligen DDR, in der Maaz selbst lebte und arbeitete, wähnten sich die Bürger als „reale Sozialisten und Antifaschisten" von aller Schuld befreit. In der BRD wurde die Form der westlichen Demokratie einer Gesellschaft übergestülpt, die mehrheitlich autoritär dachte, die Vergangenheit durch Leistung und Konsum zu verdrängen suchte. „Profit und Konsum wurden zur Droge – weg vom rassistischen Größenwahn und hin zur wirtschaftlichen Größensucht!"[39]

Mit der Studentenrevolte der 68er-Jahre wurden zwar die NS-Vergangenheit thematisiert und aktuelle autoritäre Strukturen aufgedeckt, doch beriefen sich die Studenten auf Autoritäten wie Mao Zedong (1893–1976), Che Guevara (1928–1967) und Ho Chi Minh (1890–1969), „ohne die eigene Selbstentfremdung zu erfassen und auflösen zu wollen".[40]

Auch die gefeierte Wiedervereinigung hat nicht die dringend benötigte Selbsterkenntnis und Aufarbeitung der jeweiligen Normopathien gebracht. Vielmehr haben sie sich wie „Topf und Deckel" passend ergänzt: „‚Größenselbst' (West) und ‚Größenklein' (Ost) als die beiden Formen der narzisstischen Kompensation des ‚ungeliebten Selbst'."[41]

In den Jahren 2014–2017, als Maaz sein Buch „Das Falsche Leben" schreibt, geht die Finanzkrise – gekennzeichnet durch die hemmungslose Gier des ungeliebten Selbst – gerade über in die sogenannte „Flüchtlingskrise". Sie polarisiert das Land. Auf der einen Seite „Wir sind das Volk"- und die „Lügenpresse"-Proteste, die Angst vor dem und den Fremden, der Rassismus und die Islamkritik. Auf der anderen Seite die „Wir schaffen das!"-Sprüche, die Willkommenskultur und die Aufmärsche der Antifaschisten.

---

38 Ebd.
39 Ebd., S. 139.
40 Ebd., S. 140.
41 Ebd., S. 141-142.

Gibt es aktuell eine typisch „deutsche Krankheit"? Ja. Laut Maaz ist es eine „moralisierende Humanität". Sie soll als „Beweis endlich geläuterter und gereifter Selbst" dienen. Gutmenschen mit Zeigefinger verdecken die wahren Ursachen von globalen Krisen. „Wir sind in Gefahr, symptomatisch kurieren zu wollen, wo kausale Veränderungen gefordert sind."[42] Und: „Die deutschen Normopathien haben immer etwas mit Größe zu tun. Vom größten Verbrecherstaat zum größten Tugendstaat!"[43] Das Gegenteil und Gegenmittel zu dieser narzisstischen Tendenz zur Größe und zum Größenwahn sieht Maaz nicht in Kleinheit und Bescheidenheit, sondern in dem, was angemessen und ausreichend ist. „Statt Geltungs- oder Erfolgsgröße entspannende Zufriedenheit."[44]

13. Beziehungskultur

> *„Ohne Selbstentfremdung würden wir die nationale und globale Bedrohung akzeptieren, uns nicht ‚besetzen' lassen, die Maßlosigkeit unseres Lebensstiles erkennen, die eigenen Schuldanteile akzeptieren, eine angemessene Aggressivität entfalten, eine überzogene Liberalität aufgeben und die Realitäten unverzerrt, ohne ideologische Brille, wahrnehmen."*[45]

Ja, was wäre, wenn …?! Es gibt einen Weg aus der Selbstentfremdung hin zu einem authentischen Leben. Doch Maaz möchte hier keine falschen Versprechungen geben. Der Weg ist mühsam und erfordert meist psychotherapeutische und/oder die Hilfe von weisen, liebevollen Weggefährten. Obendrein ist das Ziel kein statischer Zustand von Harmonie und Sicherheit, sondern eine stets aufs Neue zu findende, möglichst stimmige Antwort auf die jeweils gegebenen Umstände. Der Schlüssel liegt in der Beziehungskultur. Es beginnt mit der werdenden Mutter und der Art und Weise, wie

42 Ebd., S. 144.
43 Ebd., S. 145.
44 Ebd., S. 146.
45 Ebd., S. 153–154.

gut sie sich ihrem heranwachsenden Kind widmen kann. Wie entwickelt es sich im Mutterleib – denn hier sind bereits die Eindrücke prägend – und wie achtsam und liebevoll werden alle seine Bedürfnisse in den ersten Lebensjahren wahrgenommen? „Beziehung statt Erziehung“, lautet das Motto. In diesem Zusammenhang kritisiert Maaz die ungenügenden staatlichen Maßnahmen und problematischen Lösungen zur „Entlastung“ der Eltern, damit sie beruflich ihren Beitrag zur Leistungsgesellschaft liefern können. Kinder brauchen die Nähe ihrer Eltern.[46] „Ohne eine optimale Frühbetreuung von Kindern hat die Gesellschaft keine guten Entwicklungschancen, wird eine innerseelische Demokratiebasis nie erreicht.“[47]

Als Erwachsene müssen wir vor allem wieder Zugang zu unseren echten Gefühlen finden. Das ist nicht leicht, zumal wir uns so sehr an die unechten Gefühle im „falschen Leben“, in der Ablenkung durch die Medien und die Unterhaltungsindustrie gewöhnt haben. Auch hier sollte die Bildungspolitik eingreifen: „In der Gesellschaft sind Information, Aufklärung und Diskussion über die Wichtigkeit unserer Gefühle geboten, die auch eine ‚Gefühlskunde‘ in den Kitas, Schulen und Universitäten als Pflichtfach mit einschließen sollte. Fühlen darf nicht eingeschüchtert werden, Fühlen muss gelernt und geübt werden, und zwar der volle Gefühlsausdruck, aber auch eine sinnvolle Gefühlsbeherrschung, wo es notwendig ist.“[48]

Ein jeder muss mit der Beziehungskultur bei sich selbst beginnen. Die notwendigen Werkzeuge dabei sind: Erinnern, Analysieren, Reflektieren, Fühlen, Verstehen und Integrieren.[49] Es entstehen dabei folgende Qualitäten[50]:

- Ich kenne mich selbst: Ich weiß, wer ich bin, was ich will und was ich kann. Ich weiß auch, was ich nicht bin, was ich nicht will und was ich nicht kann.

46 Einen ganz konkreten Ansatz vertritt die Schweizer Familie Gantenbein mit ihrem Unschooling-Projekt. Siehe das Buch von Bruno und Doris Gantenbein, Das Wahren der Einzigartigkeit, Ataraxis, Herisau 2016 sowie *www.einzigkeit.ch*

47 Ebd., S. 216.

48 Ebd.

49 Vgl., ebd., S. 221.

50 Vgl., ebd., S. 221–224.

- Ich kann „ich“ sagen: Ich teile mich mit, ich spreche von mir und mache klare Ansagen.
- Ich will und kann zuhören.
- Ich akzeptiere Andersdenkende.
- Ich akzeptiere getrenntes Leben. Mit der Akzeptanz der Getrenntheit gewinne ich Respekt für alle „Getrennten“.
- Ich kultiviere Gemeinsamkeiten – „… das gemeinsam erlebte Leben krönt unsere soziale Natur.“[51]

Maaz bezieht sich selbst als Mensch in seine Analysen ein. Im letzten Kapitel beschreibt er sehr ehrlich und berührend seine eigenen Erfahrungen: „Mein Erkenntnisstreben kann ich heute auf eine zentrale Formel bringen: Alle individuellen und kollektiven Verbrechen, die von Erwachsenen begangen werden, sind krankheitswertige Folgen ihres falschen Selbst. Das oft völlig Unverständliche und absolut Ungeheuerliche böser Taten ist das Spiegelbild der tief verletzten Seelen. Diese schreckliche Erkenntnis ‚verdanke‘ ich Tausenden ganz durchschnittlichen und sonst unauffälligen Menschen, die mich aus therapeutischen Gründen bei Erkrankungen oder Konflikten in ihr tabuisiertes Inneres blicken ließen. Eine normopathische Gesellschaft kann nur durch Bemühungen um eine Beziehungskultur verbessert werden.“[52]

In einem Interview kurz nach dem Erscheinen des Buches 2017 gibt Maaz eine gute Zusammenfassung. Hier die letzte Frage des Interviewers und die abschließende Antwort:

L.I.S.A.: *Während der Lektüre Ihres Buches prüft man ständig, welcher der zahlreichen Störungen, die Sie exemplifizieren, man selbst möglicherweise unterliegen könnte. Sie kommen zu dem Schluss, dass wir alle in einer gewissen Weise gestört sind, auch weil wir die Störungen unserer Eltern geerbt haben, die wiederum die ihrer Eltern*

51 Ebd., S. 224.
52 Ebd., S. 243.

übernahmen usw. Denkt man das weiter, gibt es eigentlich kaum Hoffnung, dass es auch psychologisch gesunde bzw. seelisch intakte Menschen geben könnte. Sie unterscheiden in diesem Zusammenhang zwischen Heilung und Genesung. Was genau ist der Unterschied? Und haben wir tatsächlich keine Aussicht auf Heilung?

Dr. Maaz: Die Logik meiner Erfahrungen und Erkenntnisse ist pessimistisch: Ohne ernste Krise, ohne Katastrophe wird es keine wesentliche Veränderung geben. Dennoch mag ich nicht resignieren. Hoffnung auf Einsicht, auf Veränderung besteht immer, die auch durch Information, Diskussion, Reflexion, Beratung und Therapie unterstützt werden kann. Auch der Kampf um eine möglichst optimale Frühbetreuung von Kindern, um deren Selbstentfremdung, vor allem die narzisstischen Defizite zu verhindern, bleibt eine wichtige und lohnende Aufgabe für eine sinnvolle „Prävention". Eine „Heilung" der Selbstentfremdung in dem Sinne, dass alle Verletzungen, Demütigungen, Mangelerfahrungen beseitigt werden könnten, gibt es nicht – das ist entwicklungspsychologisch und neurobiologisch belegt – aber „Genesung" im Sinne der Erkenntnis der eigenen Selbstentfremdung und ihrer Folgen ist möglich, und zwar durch die emotionale Verarbeitung seelischer Not und das Erlernen weniger pathologischen Verhaltens. „Gesundung" ist kompetenter, verantwortetsbewusster und regulierter Umgang mit der Selbstentfremdung, um sich selbst und anderen weniger zu schaden und verborgene Affekte nicht mehr projektiv an anderen abzureagieren.[53]

53 Vgl. *https://lisa.gerda-henkel-stiftung.de/anpassung_an_kranke_gesellschaftliche_verhaeltnisse?nav_id=7095*

II.

Normopathie wiederholt sich in der Geschichte

„Diejenigen, die nicht aus der Geschichte lernen, sind dazu verdammt, sie zu wiederholen."
(Winston Churchill)

Normopathie, die Anpassung des Individuums an eine von menschlichen Autoritäten definierte Normalität, die alles andere als gesund, gerecht und förderlich für das Leben ist, gab es schon immer. Dabei änderten sich zwar über die Zeitepochen die Inhalte der Normopathie, das grundlegende Muster jedoch ist heute das gleiche wie in der Antike, im Mittelalter, in der Renaissance, in jeder Kultur zu jeder Zeit.

Wir definieren gesellschaftlichen Fortschritt gerne dadurch, dass wir aus manchen brachialen Formen von Gewalt, Vorurteilen und Diskriminierung herausgewachsen sind. Dabei übersehen wir aber, dass neben realen Fortschritten auch eine besondere Fähigkeit der führenden Wirtschaftsmächte zugenommen hat, nämlich die negativen Auswirkungen ihrer Lebensweise, Technologien und Wertesysteme unsichtbar zu machen. Hierbei spielt der starke Druck der menschlichen Psyche zur Konformität bestimmten Interessengruppen in die Hände. Diese profitieren davon, dass die Mehrheit der Bevölkerung hochgradig destruktive Auswirkungen auf unsere Lebensweise und Gesellschaftsordnung nicht wahrnimmt.

Wie sehr wir dazu neigen, uns den Ideen der Mehrheit anzupassen, auch wenn diese ganz offensichtlich falsch sind, ist in vielen sozialpsychologischen Experimenten aufgezeigt worden. Eines davon soll an dieser Stelle vorgestellt werden.

1. Das Konformitätsexperiment von Solomon Asch

Solomon Asch (1907–1996) war ein polnisch-amerikanischer Psychologe und einer der Vorreiter der Gestaltpsychologie. Er untersuchte die menschliche Neigung, sich bei der eigenen Urteilsfindung von anderen beeinflussen zu lassen. Aschs berühmtes Linien- oder Konformitätsexperiment, das in vielen Varianten über Jahrzehnte wiederholt wurde, führt zu einer ernüchternden Erkenntnis. Unser Urteilsvermögen ist ziemlich eingeschränkt.

In der Urform dieses Experiments betritt eine Versuchsperson einen Raum, in dem andere Leute sitzen, die als ebenfalls freiwillige Teilnehmer des Experiments vorgestellt werden, in Wirklichkeit aber eingeweihte Mitarbeiter des Experiments sind. Nun werden zwei Tafeln gezeigt, eine mit einer Linie und eine zweite mit drei Linien unterschiedlicher Länge, wobei eine der drei ganz offensichtlich die gleiche Länge aufweist wie die Linie auf der ersten Tafel (Abbildung).

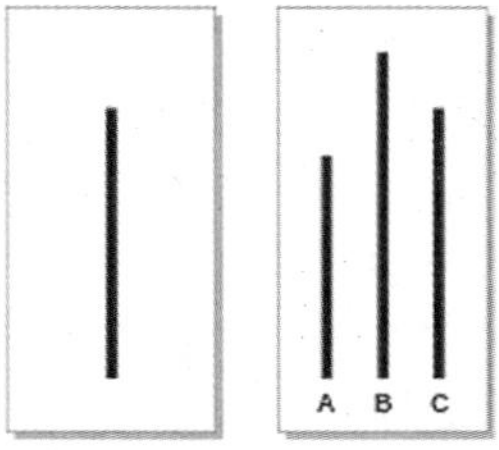

Nun sollen die Teilnehmer des Experiments sagen, welche Linie auf Tafel 2 die gleiche Länge hat wie die Linie auf Tafel 1. Wenn die Mitarbeiter des Experiments zuerst die korrekte Angabe machen, liegt die Fehlerquote der Versuchsperson bei unter 1 %. Wenn sie jedoch einstimmig absichtlich eine falsche Angabe machen, steigt die Fehlerquote bei der Versuchsperson auf ein Drittel und noch höher, wenn die Anzahl der eingeweihten Mitarbeiter, die die Falschaussage machen, größer ist.

Gerade mal ein Viertel der Versuchspersonen in einem solchen Experiment bleibt in seiner Aussage unbeeinflusst, egal, ob Mitarbeiter des Experiments zuvor falsche Aussagen gemacht haben oder nicht. Findet das Experiment nicht in einem Raum, sondern auf einem öffentlichen Platz statt, kann man Teilnehmer zu Fehlerquoten von über 90 % bringen. Fragt man hinterher die Teilnehmer, warum sie die offensichtlich falsche Angabe gemacht haben, geben manche an, dass sie tatsächlich geglaubt hatten, falsch zu sehen, weil sich ja mehrere andere nicht irren könnten. Viele Teilnehmer sagen auch, dass sie sich schlichtweg nicht getraut hatten, die korrekte Angabe zu machen, um nicht unangenehm aufzufallen.

Wir glauben gerne, dass wir unseren eigenen Kopf haben und uns ein vernünftiges Urteil zu den wichtigen Fragen des Lebens bilden können. Wer möchte schon ein Schaf sein, das mit der Herde mitläuft. Doch etliche Forschungsergebnisse der Psychologie und der Neurobiologie deuten darauf hin, dass der viel zitierte freie Wille des Menschen eine Illusion sein könnte und wir in unserem Verhalten und unseren Urteilen in einem enormen Ausmaß von unserer Umwelt beeinflusst werden. Genau deshalb sind Werbung und Propaganda so effektiv. In der Geschichte der Menschheit hat die Beeinflussung der Meinungsbildung schon immer gut funktioniert, und der Druck, seine eigene Sicht auf das Leben dem allgemeinen Konsens anzupassen, hat schon immer seine Wirkung getan.

2. Normopathie im England des 18. Jahrhunderts

Die Suche nach Halt, nach etwas absolut Zuverlässigem als Rückhalt der eigenen Identität, ist ein intrinsischer Bestandteil der menschlichen Psyche. Wir sind soziale Wesen. Da ist es verständlich und natürlich, dass die Suche nach Identität ganz wesentlich von den

Kollektiven mitbestimmt wird, in denen wir leben – von der Familienstruktur über die Zugehörigkeit zu einer Gesellschaftsklasse, Religion und Staatsbürgerschaft bis zu Kollektiven, mit denen wir ethische, politische oder soziale Ansichten teilen.

Die Geschichte menschlicher Zivilisationen ist auch die Geschichte der kollektiven Identitäten. Dabei wird die aktuelle kollektive Identität zumeist für stimmig und als vorherigen kollektiven Identitäten an Weisheit, Aufgeklärtheit und moralischer Wertigkeit überlegen gehalten. Was jetzt gerade moralisch akzeptabel und richtig ist, was jetzt als aufgeklärt und vernünftig gilt, wird in den seltensten Fällen von einer Gesellschaft als eine passagere Phase angesehen, die sicherlich schon bald von einer anderen abgelöst wird. Worauf sich ein Kollektiv aktuell einigt, das gilt den Angehörigen dieses Kollektivs meistens als vollkommen richtig und normal.

Dabei ist es offensichtlich, dass fast jede Zivilisation der aufgezeichneten Geschichte die Weisheit ihrer Normalität überschätzt hat. Nur allzu gerne haben sich die Menschen auf scheinbar unangreifbare Autoritäten wie einen Gott, eine Priesterschaft, einen absolutistischen Herrscher, altehrwürdige Traditionen eines Clans berufen oder auch auf wissenschaftliche, politische und soziale Ideen, die einfach als gegebene Wahrheiten akzeptiert wurden. Intelligenz und Bildung schützen dabei überhaupt nicht vor der Tendenz, höchst fragwürdige Ideen über das Leben und die richtige Gesellschaftsordnung als unumstößliche Wahrheiten anzusehen.

Derek Black (geb. 1989), ein ehemaliger Aktivist der amerikanischen „WhiteNationalist"-Bewegung, der sich von seinem früheren rassistischen Weltbild komplett gelöst hatte, brachte es so auf den Punkt: „Intelligente Leute können an die dümmsten Ideen glauben." Auch intelligente Leute suchen nach Halt. Dieses Bedürfnis kann intellektuelles Unterscheidungsvermögen verdunkeln und ebenso Empathie hemmen.

Machen wir nun eine kleine Zeitreise, um uns die Tendenz menschlicher Gesellschaften, destruktive und lebensfeindliche Ideen als normal anzusehen, deutlich vor Augen zu halten. Zu diesem

Zweck könnten wir wohl in jede beliebige Epoche der Geschichte reisen, aber aus verschiedenen Gründen nehmen wir uns das England des 18. Jahrhunderts vor.

Historiker bezeichnen die Zeit von 1707–1783 als das erste Britisch Empire. In dieser Epoche stieg das englische Königreich neben Frankreich zur führenden Weltmacht auf. So, wie die USA sich selbst heute gerne als Führungsmacht der freien Welt verstehen, so sahen die Briten sich im 18. Jahrhundert als die nobelste, fortschrittlichste christliche Gesellschaft der Weltgemeinschaft. Ihr gottgegebener Auftrag bestand darin, den Rest der Welt an den glorreichen Errungenschaften Englands teilhaben zu lassen.

Wenn wir heute an England im 18. Jahrhundert denken, fallen uns vielleicht Filmszenen oder Gemälde ein mit Menschen, die mit aberwitzigen Perücken auf ihrem Landsitz lustwandeln. Vielleicht kennen wir die Werke großer Literaten aus jener Zeit, wie Alexander Pope (1688–1744), Hannah More (1745–1833) oder Samuel Johnson (1709–1784). Tatsächlich war der Lebensalltag der britischen Gesellschaft des 18. Jahrhunderts unfassbar verroht und brutal, ohne jegliche Empathie.

3. Ungeheuerliche Zustände

Kinderprostitution war über das gesamte 18. Jahrhundert ein normaler Bestandteil des Londoner Lebens. Ein Viertel der 25000 Prostituierten in London im Jahr 1760 war unter zwölf Jahre alt. Mitglieder des Parlaments nahmen ungeniert ihre Dienste in Anspruch. Es gab keinerlei moralische Kritik an diesem Umstand, weder von der anglikanischen Kirche noch von der Politik oder dem Königshaus. Mitglieder des Unterhauses erschienen zu ihren Versammlungen ständig betrunken. Das war normal. Unmengen von Rotwein in der Oberschicht und von Gin in der armen Bevölkerung – Alkoholismus war ein ganz normaler Bestandteil des Lebens.

Um ins Parlament gewählt zu werden, wurde um die Wette bestochen. Moderne Parteispendenskandale muten dagegen wie harmlose Lausbubenstreiche an. Öffentliche Hinrichtungen zogen als Spektakel jede Menge Schaulustige an. Auch wenn abgerichtete Hunde – der Name „Bulldogge“ ist bezeichnend – sich in die Nase von Stieren verbissen und den Tieren entsetzliche Schmerzen zufügten, galt das als sehenswerte Unterhaltung. Wer solche Hunde abrichtete und entsprechende Vorführungen auf öffentlichen Plätzen gab, konnte von begeisterten Zuschauern beträchtliche Geldspenden erwarten. Kinder jeder Altersgruppe wurden von ihren Eltern zu derartigen Veranstaltungen mitgenommen. Es gab Leibeigenschaft und eine weitgehende Rechtlosigkeit der Frauen. In dieser Zeit wuchs der Reichtum des Britisch Empire von Jahr zu Jahr, vor allem durch ein ausgeklügeltes System des Sklavenhandels.

4. Grausame und gewinnbringende Sklaverei

Wie viele Menschen in Afrika im 18. Jahrhundert von Sklavenjägern aus ihrem Leben gerissen wurden, ist nicht genau bekannt, aber die Zahl geht in die Millionen. Auf der Überfahrt von Afrika zu den westindischen Inseln wurden 400–500 Menschen im Rumpf eines Schiffes untergebracht. Pro Person gab es etwa so viel Platz wie in einem großen Sarg. Ein einziger Holzeimer diente allen unglückseligen Gefangenen als Toilette. Die Temperaturen stiegen auf über 40 Grad, Lüftung oder Wasser zum Waschen gab es nicht, Wasser zum Trinken nur in minimalen Mengen. Ein Drittel der Menschen starb entweder an diesen Bedingungen oder wurde noch lebend über Bord geworfen, weil die Sklaven zu krank waren, um noch Geld einzubringen. Für auf der Überfahrt verlorene Sklaven konnte der Kapitän des Schiffs wenigstens noch eine Versicherungsprämie kassieren.

Sklaverei war nicht etwa ein schmutziges Geheimnis der noblen britischen Gesellschaft, das den adeligen Mitgliedern des Oberhauses oder der Königsfamilie peinlich gewesen wäre. Das waren eben minderwertige Menschen, die keinerlei Rechte besaßen. Gott hatte sie zu dem Zweck erschaffen, den höherwertigen Menschen zu dienen. Priester der anglikanischen Kirche sprachen von der besseren Seele, wenn es um den Unterschied zwischen weißen Briten und dunkelhäutigen Menschen aus Afrika ging.

Der wirtschaftliche Aufschwung des Empire war ein weiterer wichtiger Grund für die Unantastbarkeit der Sklaverei. Im Vergleich zur totalen Ausbeutung menschlicher Arbeitskraft mit 18-stündigen Arbeitstagen in Zuckerrohrplantagen der westindischen Inseln – ohne jegliche Bezahlung, ohne jegliche Rücksicht auf Verletzungen, ohne freie Tage und mit minderwertiger Verpflegung – mutet das heutige Outsourcing in Billiglohnländern geradezu kostenintensiv für Unternehmen an. Das Britisch Empire wurde nicht zur vorherrschenden Weltmacht, weil es eine bessere Flotte, eine stärkere Armee, mehr Bildung oder einen anderen Vorteil besaß. Es hatte einzig und allein mehr Wirtschaftskraft als alle anderen Länder, weil es über viel mehr Sklaven verfügte und dadurch viel größere Gewinne durch seine Exporte erzielen konnte. Nur so konnte das Empire von einer politisch nur regional wichtigen Insel zur weltführenden Seemacht werden.

5. Mutiger Widerstand

Die allgemeine Brutalität der Gesellschaft wurde als normal hingenommen. Sklaverei wurde, lange bevor es dieses Wort gab, als alternativlos angesehen, als notwendig für die Ordnung und den Wohlstand. Wer sie kritisierte, war auf einem gefährlichen Irrweg, drohte, den Wohlstand und die natürliche Ordnung der Welt zu zerstören. Dies erlebten zwei wichtige Protagonisten der Bewegung, die nach vielen Jahren des unermüdlichen Ringens die Einstellung der britischen Gesellschaft zur Sklaverei ändern konnten: John Newton (1725–1807) und William Wilberforce (1759–1833).

Newton, der bereits im Alter von zehn Jahren zur See gefahren war, war einige Jahre Kapitän eines Sklavenschiffs. So verdiente er für einen ungebildeten Mann aus der unteren Gesellschaftsschicht sehr gutes Geld und genoss Ansehen in der Gesellschaft, war doch der

Sklavenhandel eine wichtige Stütze des Wohlstands und der wachsenden Macht des Empire. Eines Tages erlebte Newton in einem schweren Sturm auf See eine religiöse Bekehrung, die er Jahre später in der weltweit beliebten Gospelhymne „Amazing Grace" poetisch festhielt. Von da an wandelte er sich vom herzlosen Rauhbein zum empathischen Herzensmenschen. Newton wurde Prediger in der aufstrebenden methodistischen Bewegung und ein entschiedener Gegner der Sklaverei. Von nun an hatte er zwar einige Bewunderer und Anhänger unter den Methodisten, doch weil er dieser Bewegung angehörte, schlugen ihm auch Ablehnung und Hass entgegen, die er als Mittäter im Sklavenhandel nie gekannt hatte.

Nun, wer waren diese Methodisten? Die Gleichgültigkeit der britischen Oberschicht und der anglikanischen Kirche gegenüber der allgemeinen Brutalität, der Kinderprostitution, dem Sklavenhandel und der Ausbeutung ärmerer Bevölkerungsschichten war für manche sensiblen Gemüter nicht mehr hinnehmbar. So kam es an der University of Oxford in den 1730er-Jahren zur Begegnung dreier Studenten – George Whitefield (1714–1770) sowie die Brüder John Wesley (1703–1791) und Charles Wesley (1707–1788) –, die eine Erneuerung der Religion und der Gesellschaft als dringend notwendig erachteten. Dabei gingen sie durch verschiedene Phasen religiöser Inbrunst, die uns heute zwar naiv und seltsam erscheinen mögen, die jedoch von Anfang an begleitet waren von einer tief empfundenen Achtung vor der Würde aller Menschen. Frauen, Schwarze und Menschen der unteren Gesellschaftsschicht waren für diese neue religiöse Bewegung absolut gleichwertig mit den weißen Männern der Oberschicht.

Wegen dieser Neuausrichtung des moralischen Kompasses, der die bestehenden Verhältnisse infrage stellte, wurden die Anhänger dieser neuen Bewegung verächtlich als Methodisten bezeichnet und es schlug ihnen unverhohlener Hass entgegen. Newton erfuhr dies ebenso wie viele andere Menschen, die von Whitefield und den Wesley-Brüdern beeindruckt waren. Die sichtbaren Formen religiöser Inbrunst wie Schütteln am ganzen Körper oder ekstatische stimmliche Bekundungen, wie sie bei öffentlichen Predigten von Whitefield auftraten, mögen befremdlich angemutet haben. Doch was ist mit dieser normalen Gesellschaft, die die Methodisten für seltsam und gefährlich hielt? Sie hatte keine Einwände gegen Kinderprostitution, öffentliche Hinrichtungen und blutige Schaukämpfe zwischen Hunden und Stieren. Ist das weniger befremdlich?

6. William Wilberforce und der lange Weg aus der Normopathie

Bei kaum einer historischen Persönlichkeit lassen sich die Dynamiken von Normopathie und der langsame Wandel zu einer neuen, gesünderen Normalität so gut beobachten wie an dem britischen Parlamentarier und Sozialreformer Wilberforce. 1859 in Hull geboren, wurde er als Kind durch seinen methodistischen Onkel und dessen Frau mit Newton bekannt gemacht und entwickelte ein starkes Empfinden für die Notwendigkeit einer moralischen Erneuerung der Gesellschaft.

Als seine Mutter von dem methodistischen Einfluss auf den Jungen erfuhr, unternahm sie alles Menschenmögliche, um den kleinen William von diesem Monster des Methodismus fernzuhalten und ihn normal werden zu lassen. Diese Beeinflussung wirkte und so wurde aus dem jugendlichen Wilberforce ein freundlicher und allseits beliebter, aber völlig hedonistisch lebender Vertreter der privilegierten Oberschicht. In seiner Studentenzeit in Cambridge reihte sich endlos eine Party an die andere. Sein außergewöhnliches Talent ermöglichte ihm dennoch den Abschluss.

Als er für das Parlament kandidierte, übertraf der 21-jährige Wilberforce seine Konkurrenten an Bestechungsgeld und gewann folgerichtig auch den Sitz im Unterhaus, wo er zunächst aus persönlichem Ehrgeiz und Lust an der Macht Politik machte. Er war Mitglied in fünf Clubs, verspielte Unsummen an Geld und führte somit das völlig normale Leben eines Gentlemans seiner Gesellschaftsschicht, woran niemand Anstoß nahm. Seine Mutter und andere Hüter des Normalen in seinem Umfeld waren erleichtert, dass der Junge unsinnige und gefährliche Ideen einer Veränderung der Gesellschaft hinter sich gelassen hatte.

Doch dann, mit 25 Jahren, geschah etwas geradezu Tragisches, zumindest aus der Sicht der emsigen Normopathie-Hüter. Bei einer erneuten Begegnung mit Newton erkannte Wilberforce, dass endloses Vergnügen in einer Welt voller Unmenschlichkeit nicht sein Lebensziel sein würde. Er machte vor allem die Abschaffung des Sklavenhandels zu seinem erklärten Lebensziel und wurde schnell der Führer der abolitionistischen Bewegung.

Wilberforce lebte von nun an maßvoll und hörte auf, Geld zu verschwenden. Auch wenn er weiterhin ein ausgesprochen großzügiger Gastgeber war, lud er nicht mehr zu hemmungslosen Trinkgelagen und Glücksspielorgien mit großen Geldeinsätzen ein. Doch diese Wandlung konnte ihm ein Großteil der Gesellschaft nicht verzeihen. Von vielen Politikern, vom britischen Thronfolger und vielen reichen Kaufleuten, die vom Sklavenhandel profitierten, erfuhr Wilberforce massive Ablehnung. Er wurde als Aufwiegler und Feind der öffentlichen Ordnung bezeichnet. Zweimal kam es zu konkreten Mordkomplotten gegen ihn.

Wilberforce ließ sich jedoch von all dem Gegenwind nicht entmutigen. Mit seinem außergewöhnlichen Talent als Redner und mit seiner entwaffnenden Art, zwar Missstände klar und deutlich zu benennen, aber dabei niemals abwertende Äußerungen über seine Gegner zu machen, veränderte er die Einstellung zur Sklaverei im Parlament. Im Laufe der Jahre und nach vielen Rückschlägen gewann Wilberforce auch immer mehr Unterstützung in der Bevölkerung für sein Anliegen. 1807 beschloss das britische Parlament, den Sklavenhandel abzuschaffen. 1833, wenige Tage vor Wilberforces Tod, wurden schließlich auch alle Sklaven, die es auch nach dem Verbot des Sklavenhandels weiterhin gegeben hatte, befreit.

Wilberforce wurde in den letzten zwei Jahrzehnten seines Lebens ein gefeierter Mann, der die britische Gesellschaft vom Übel des Sklavenhandels befreit hatte. Es war ihm gelungen, die Einstellung der britischen Gesellschaft zum Thema „Sklaverei" grundlegend zu ändern und Normalität in diesem Punkt neu zu definieren. Die Briten waren stolz auf Wilberforce und auf ihre eigene ablehnende Haltung zur Sklaverei. Die verbleibenden Sklavenhändler aus anderen Ländern, die vor allem die Südstaaten der USA weiter mit Sklaven aus Afrika versorgten, wurden von der britischen Marine gejagt, ihre Häfen in Afrika zerstört. Das Britisch Empire gewann im 19. Jahrhundert an Wohlstand und Macht und konnte erkennen, dass die früheren Ideen über die Notwendigkeit von Sklaverei für wirtschaftlichen Erfolg eben nicht alternativlos waren.

7. Wilberforce und die Wirkprinzipien der Normopathie

Das Britisch Empire des 18. Jahrhunderts und das Lebenswerk von Wilberforce zeigen einige wichtige Dynamiken der Normopathie auf:

1. Das Festhalten an einer pathologischen Normalität hat nichts mit Bildung zu tun. Hochgebildete Adelige waren für die Sklaverei, ebenso waren manche Vertreter dieser Gesellschaftsschicht dagegen. Newton war ungebildet, Wilberforce war gebildet. Empathie und die Fähigkeit, eigene Überzeugungen infrage stellen zu können, sind keine Sache der akademischen Bildung, die nur kognitive Leistung anstrebt und belohnt.
2. Normopathie lässt Menschen plausibel klingende Gründe finden, warum die Gegebenheiten in Ordnung sind. Sie hinterfragen nicht ihr Denken.
3. Wer an der Normopathie rüttelt, wird angefeindet.
4. Gesellschaften mögen im Rückblick frühere Formen von Normopathie erkennen. Das führt jedoch nicht zu der Erkenntnis, dass sie aktuell selbst normopathische Züge aufweisen könnte. Die britischen Historiker, Königshäuser und Politiker des 18. Jahrhunderts kritisierten die Judenprogrome während der

Pestepidemien oder die Kreuzzüge als unzivilisierte Verirrungen. Doch die Tatsache, dass die eigene Gesellschaftsordnung ähnlich verirrte, grausame Dynamiken aufwies, konnten dieselben Vertreter der als so kultiviert empfundenen britischen Gesellschaft nicht einräumen.

5. Irgendwann erkennt eine Gesellschaft zumindest Aspekte ihrer Normopathie, ändert sie und fragt sich im Rückblick, wieso man eigentlich derart lang pathologische Dynamiken toleriert hat. Das hohe Ansehen, das Wilberforce in seiner späten Lebensphase genoss, und die Haltung der Briten zur Sklaverei nach dem Erfolg der Abolitionisten sind das beste Beispiel für dieses Prinzip.

8. Die Normopathie der Geringschätzung von Frauen

> *„Gegen etwas Gleichberechtigung der Frau hat niemand etwas einzuwenden. Aber gegen die volle Gleichberechtigung spricht ja schon die Natur.“*
>
> (Bundespräsident Walter Scheel, 1974)

Als Henry Ford (1863–1947) im Jahr 1913 in den USA die erste Massenproduktion eines Autos auf den Weg brachte, kam es zu heftigen Diskussionen darüber, ob man Frauen erlauben sollte, Auto zu fahren. Vor allem von Ärzten und Wissenschaftlern kamen Bedenken: Sind die weniger entwickelten weiblichen Gehirne mit etwas so Schwierigem wie Autofahren nicht überfordert? Bedeutete es nicht eine unverantwortliche Gefahr für andere Verkehrsteilnehmer, wenn man Frauen ans Steuer lässt? In Memphis, Tennessee kam es dann zu einer originellen gesetzlichen Lösung des Problems: Einer Frau war nur dann erlaubt, Auto zu fahren, wenn ein Mann vor dem Auto herlief und eine rote Fahne schwenkte, um andere Verkehrsteilnehmer zu warnen.

Kathrine Switzer (geb. 1947) startete 1967 beim Boston-Marathon, und zwar als Mann getarnt. Denn es war ja bekannt, dass Frauen einem Marathon körperlich nicht gewachsen sind. Um sie zu schützen, waren sie von solchen Veranstaltungen ausgeschlossen. Der deutsche Arzt und Erfinder des Gesundheitsjoggings, Dr. Ernst van Aaken (1910–1984), empfahl in den 1960er-Jahren Frauen das Laufen langer Strecken. Und nicht nur das. Er stellte sogar fest, dass Frauen in Relation zu ihren Körpermaßen und zur Muskelmasse eine bessere Ausdauer haben als Männer. Damals wurde er belächelt, seine Empfehlungen wurden sogar als hochgefährlich eingestuft. Wir wissen heute, dass Dr. van Aaken recht hatte. Wenn 1000 Männer und 1000 Frauen an einem Marathon, einem Ironman-Triathlon oder einem Ultralangstreckenlauf teilnehmen, ist der Prozentsatz derjenigen, die nicht ins Ziel kommen, bei Frauen stets geringer. Frauen mögen nie die Weltrekorde der Männer erreichen, aber sie verkraften die Anstrengung, die Ausdauersportarten mit sich bringen, deutlich besser als Männer.

Wir mögen im aufgeklärten 21. Jahrhundert vielleicht denken, dass die extreme Entrechtung und Geringschätzung von Frauen der Vergangenheit angehört. Und in der Tat: Die Frauenbewegung hat schon viel erreicht. Aber patriarchale Denkweisen sind auch in der modernen Gesellschaft immer noch so selbstverständlich, dass sie meist gar nicht auffallen.

Welche berühmten Komponistinnen fallen Ihnen spontan ein? Künstlerinnen? Dichterinnen? Philosophinnen? Wissenschaftlerinnen? Erst im 20. Jahrhundert durften Frauen wählen, studieren, Berufe ergreifen, die zuvor Männern vorbehalten waren. Wer glaubt, ungleiche Bezahlung bei gleicher Arbeit sei das einzige Relikt der Geringschätzung von Frauen aus vergangenen patriarchalen Zeiten, wird in dem Buch „Unsichtbare Frauen“ von Caroline Criado-Perez (geb. 1984) eines Besseren belehrt und erstaunliche Tatsachen entdecken.[54]

---

54 Criado-Perez, Caroline, Unsichtbare Frauen. Wie eine von Daten beherrschte Welt die Hälfte der Bevölkerung ignoriert, btb Verlag, München 2020.

Es hat immer Frauen gegeben, die durch ihre starke Kreativität, Intuition und Willenskraft, begünstigt durch besondere soziale Umstände, Spuren in der Kulturgeschichte hinterlassen haben. Um nur einige zu nennen: Hildegard von Bingen (1098-1179) war Äbtissin, Heilkundige, Komponistin und Mystikerin in Personalunion. Jean d'Arc alias Johanna von Orléans (1412–1431) kämpfte als Mann verkleidet für Frankreich und wurde heiliggesprochen. Zu den hervorragenden Künstlerinnen und Komponistinnen zählen die Sängerin Barbara Strozzi (1619–1677) oder Fanny Hensel (1805–1847), die Schwester von Felix Mendelssohn Bartholdy (1809–1847). Sie werden allerdings erst in letzter Zeit wiederentdeckt und gewürdigt. Wissenschaftlerinnen traten erst im 19. Jahrhundert in Erscheinung, wie die zweifache Nobelpreisträgerin Marie Curie (1867–1934) oder Sofja Kowalewskaja (1850–1891), die 1884 die erste Mathematikprofessorin der Welt wurde.

Wir sind noch weit davon entfernt, Männer und Frauen zu einer harmonischen Synergie für den gesellschaftlichen Fortschritt integriert zu haben. Der Umstand, dass die meisten Formen kollektiver Geringschätzung von Frauen weitgehend unsichtbar sind, macht sie nicht weniger wirksam.

Die brachialen Formen von gewalttätiger Unterdrückung von Frauen gelten in unserer heutigen Gesellschaft als nicht akzeptabel. Doch die Leistungen und Fähigkeiten von Frauen werden immer noch unterschätzt, und das ist so normal, dass es nicht auffällt. Ein Mann muss kein ausgesprochener Chauvinist sein, um an einer normopathischen Kultur der Geringschätzung von Frauen zu partizipieren, und zwar schlicht aus Unwissenheit. Normopathie wirkt auch ohne aktive Teilnahme an krankhaften Mustern des Denkens und Handelns. Lebt man in einer Welt mit krankhaften Tendenzen, die als Normalität empfunden werden, so ist ein aktiver Akt des Sich-Lösens in vielen Fällen notwendig, um von solchen Tendenzen wirklich grundlegend frei zu werden.

9. Wie wäre es, wenn wir aus der Geschichte lernen?

Ein Sprichwort sagt: „Der aktuelle Stand der Wissenschaft ist immer der fortschrittlichste Stand des Irrtums." Natürlich macht die Wissenschaft Fortschritte, gelegentlich auch Rückschritte, aber es vergeht kein Jahrzehnt, in dem nicht vermeintlich gesicherte Erkenntnisse in verschiedenen wissenschaftlichen Disziplinen revidiert werden müssen. Ganz ähnlich verhält es sich mit der Ethik, mit den Standpunkten einer Gesellschaft dazu, welche Ideen und Verhaltensweisen akzeptabel sind.

Wenn keine Zivilisation in der Vergangenheit die pathologischen Aspekte ihrer Normalität erkannt hat, welchen Grund gibt es zu glauben, dass dies heute anders ist? Sind wir als Menschheit allgemein und als westlich-neoliberale Gesellschaft im Speziellen tatsächlich so weise, dass wir guten Grund haben zu glauben, dass das, was heute als normal gilt, auch gesund ist? Was macht uns so sicher, dass kommende Generationen *nicht* auf die heutige Zeit zurückschauen werden und Missstände und Irrtümer, einschließlich massiver ethischer Verirrungen, benennen werden, die wir heute als normal ansehen?

In den 1950er- und 60er-Jahren herrschten in den Südstaaten der USA strikte Rassentrennung und massive Diskriminierung der schwarzen Bevölkerung. In dieser Zeit begann ein weißer Prediger vehement gegen die Rassentrennung zu protestieren. Er gründete eine Gemeinde, in der Afroamerikaner willkommen waren und als völlig gleichberechtigt galten. Eine Weile lebte er dann mit seiner Gemeinde in Kalifornien und wurde Berater einiger lokaler Politiker, die er stets dahingehend beeinflusste, die Rechte von Afroamerikanern und von Homosexuellen zu stärken. Afroamerikaner, Schwule und Lesben schlossen sich gerne seiner Gemeinde an, denn hier fanden sie einen Fürsprecher für ihr Anliegen, einfach gleichberechtigt mit anderen Menschen leben zu können. Klingt das nicht alles sehr gut?

Der Mann, um den es hier geht, hieß Jim Jones (1931–1978). Er führte seine Anhänger 1978 in den größten Massenselbstmord der modernen Geschichte. Jones war mit Sicherheit ein Psychopath, selbstverliebt und gefährlich. Unauffällige weiße Bürger der Südstaaten der 1950er-Jahre hätten niemals einen Massenselbstmord angezettelt. Sie haben aber auch in den meisten Fällen das himmelschreiende Unrecht, das an ihren afroamerikanischen Mitmenschen verübt wurde, einfach mitgetragen und als normal akzeptiert. Die große Mehrheit der Amerikaner in den späten 1960er-Jahren, als Jones sich für die Rechte von Homosexuellen einzusetzen begann, sah in Homosexualität eine Sünde und eine Krankheit. Sich selbst als messianischen Anführer aufzuspielen, das hätten sich diese „normalen" Amerikaner sicher nicht getraut. Aber ebenso wenig trauten sie sich, Vorurteile gegenüber Menschen anderer sexueller Orientierung zu überwinden.

Warum konnte ein Psychopath wie Jones erkennen und aussprechen, dass bestimmte Aspekte der amerikanischen Normalität menschenverachtendes Unrecht waren? Warum war ausgerechnet ein Psychopath wie er in Menschenrechtsfragen auf einer Linie mit mutigen, charakterstarken Menschen wie Rosa Parks (1913–2005), Martin Luther King (1929–1968) oder Harvey Milk (1930–1978)?

Wenn eine Gesellschaft starke normopathische Züge aufweist, gibt es immer wieder Menschen von besonderer Charakterstärke, die sich nicht in die normopathische Anpassung zwingen lassen. Am Beispiel von Wilberforce können wir sehen, welch große innere Kraft es braucht, aus der bequemen konformistischen Lebenshaltung zu einem Standpunkt zu finden, der einer tieferen inneren Wahrheit entspricht. Und so sind es besondere Menschen, die einen solchen Weg einschlagen. Aber die Fähigkeit zum Nonkonformismus zeichnet eben auch den klassischen Psychopathen aus, der sich nicht darum schert, was andere von ihm denken.

Eine der großen Gefahren der Normopathie besteht genau in diesem Punkt: Wenn normale, unauffällige Bürger großes Unrecht einfach ignorieren und als alternativlos mit einem Achselzucken abtun, werden sich nicht nur Menschen wie Wilberforce, Mahatma Gandhi (1869–1948), Parks oder Maya Angelou (1928–2014), sondern auch Psychopathen berufen fühlen, gesellschaftliche Veränderungen zu fordern. Sie mögen das weniger aus echter Empathie als aus dem Drang tun, ihr vermeintlich grandioses Selbstbild zu bestätigen, wie Jones, der im Laufe der Jahre immer fester davon überzeugt war, der Messias zu sein. Aber in der Sache können sie sehr wohl recht haben. Sollten wir Jones in Fragen der Gleichberechtigung von Farbigen und Homosexuellen nicht eher zustimmen als dem braven Durchschnittsbürger aus Alabama im Jahr 1960?

Einige weitere Beispiele der jüngeren Geschichte wären die folgenden Personen:

- Prof. Werner Kollath (1892–1970), ein überzeugter Nazi und Fördermitglied der SS, lobte die Rassenhygiene des Hitler-Regimes. Aber er sprach auch die großen gesundheitlichen Probleme, die durch industriell verarbeitete Nahrung verursacht werden, zu einer Zeit an, als Industrienahrung allgemein als fortschrittlich galt. Seine Warnungen zu den gesundheitlichen Folgen von raffiniertem Zucker haben sich als zutreffend erwiesen.
- Che Guevara (1928–1967) war trotz seines Ikonen-Status ein kaltblütiger Gewalttäter, der kein Problem damit hatte, 13-Jährige hinzurichten. Aber seine Kritik an den lateinamerikanischen Oligarchien, die auf Kosten des Volkes lebten, ist wohl kaum von der Hand zu weisen.
- Charles Manson (1934–2017) war wie Jim Jones ein psychopathischer Kultführer, der seine Anhänger zu blutigen Morden anstiftete. Im Gefängnis verfasste er viele fundierte Beiträge zum Umweltschutz und forderte eine grundlegende Abkehr von der zerstörerischen Lebensweise der modernen Zivilisation. Inhaltlich lag er damit sicherlich richtig, ungeachtet seines psychopathischen Charakters.
- Andreas Baader (1943–1977) wurde von ehemaligen RAF-Mitgliedern als ein zutiefst selbstverliebter Mensch ohne Empathie

beschrieben. Seine Kritik am Vietnamkrieg war mit Sicherheit trotzdem berechtigt.

„Diejenigen, die nicht aus der Geschichte lernen, sind dazu verdammt, sie zu wiederholen." Mit diesem Zitat von Winston Churchill (1874–1965) aus einer seiner Reden im britischen Unterhaus von 1948[55] begann dieses Kapitel. Lernen wir nicht aus der Geschichte, werden wir an dem, was heutzutage in unserer Gesellschaft zutiefst krank und zerstörerisch ist, lange festhalten, weil dies bequem ist und der uns innewohnenden Tendenz zur Konformität entspricht. Wir werden Psychopathen auf den Plan rufen, die teilweise berechtigte Kritik an bestehenden Verhältnissen ausdrücken. Ihr Charakter wird den Vertretern des Status quo willkommene Gründe liefern, die Kritik zurückzuweisen. Wir werden vielleicht erst dann einen Konsens dafür finden, dass Änderungen notwendig sind, wenn die dramatischen Folgen der Fehlentwicklungen – wie die Verarmung eines Großteils der Bevölkerung, die Zunahme an psychischen und umweltbedingten Krankheiten, das Artensterben und die Vernichtung der biologischen Lebensgrundlagen auf der Erde – ein Ausmaß erreicht haben, dass keine Ablenkung durch Konsum und kein Eintauchen in die virtuellen Welten des Internets mehr unsere Blindheit weiter aufrechterhalten können.

Die andere Möglichkeit besteht darin, dass wir aus der Geschichte lernen und anfangen, uns selbst unbequeme Fragen zu stellen. Denn eine erste Lektion aus der Geschichte ist ganz sicherlich die, dass wir nicht damit beginnen können, anderen Menschen die Schuld für unsere Fehler zu geben. Dass wir immer bei uns selbst anfangen müssen, destruktive Tendenzen zu erkennen. Sich offen der Überprüfung des eigenen Lebens zu stellen, das Unbequeme daran willkommen zu heißen und nicht davor zurückzuschrecken, ist ein erster möglicher Schritt auf dem Weg, die Geschichte nicht zu wiederholen.

55 Vgl. *www.winstonchurchill.org* (Mai 2021).

III.

Normopathie und Kultur

1. Kultur in der Corona-Krise

„Diese Politik ist nicht länger hinnehmbar."
(Thomas Hengelbrock, Dirigent)

Zurzeit – im Frühjahr 2021 – befindet sich die Kulturszene in Deutschland im Schockzustand. Die erneuten Verbote öffentlicher Aufführungen und Kunstausstellungen, die Schließungen von Museen, Bibliotheken und anderer Bildungseinrichtungen, die Absagen von Kulturfestivals und Buchmessen u. v. a. m. treiben Musiker, Schauspieler, Künstler, Veranstalter und Kulturschaffende aller Art zu verzweifelten Protesten und Klagen gegen die Lockdown-Maßnahmen der Politiker.

„Die Münchner Initiative ‚Aufstehen für die Kunst', bei der neben Bariton Christian Gerhaher, geb. 1969 auch Sängerin Diana Damrau, geb. 1971 und Oboist Albrecht Mayer, geb. 1965 aktiv sind, könnte rechtlich gegen den Kultur-Lockdown vorgehen. Denn dieser sei – so deren Argumentation – verfassungswidrig, systemgefährdend und widerspreche wissenschaftlicher Realität. Immerhin definiert sich der Freistaat Bayern gemäß dem dritten Artikel der eigenen Verfassung als Kulturstaat."[56]

56 Gröger René, Ärger über Kultur-Lockdown wächst, *https://www.br-klassik.de* (Februar 2021).

In einem Interview in der Sendung „Leporello“ *auf „BR-Klassik“* sagte die Sängerin Anna Prohaska (geb. 1983) am 27.1.2021: „Man wird von der Regierung in Geiselhaft dafür genommen, wie sich die Menschen privat vor und nach Veranstaltungen verhalten. Das ist extrem unfair und eigentlich auch undemokratisch. Betroffen ist am Ende dieses unglaubliche Ökosystem aus Theatern und Orchestern, das ja sogar zum immateriellen Kulturerbe der UNESCO gehört. Das ist etwas, was wir verteidigen und schützen sollten.“

Die Stargeigerin Anne-Sophie Mutter (geb. 1963) meinte in einem Interview mit der „Badischen Zeitung“: „Alles, was von außen erzwungen ist, empfindet man anders als ein Sabbatical, das ich ursprünglich geplant hatte. Dass der kulturelle Raum von der Politik als Superspreader-Raum dargestellt wurde und wir als Musikerinnen und Musiker ein Berufsverbot auferlegt bekommen, hat ebenfalls nichts mit einer positiven Entschleunigung zu tun. Für die rund 50000 Soloselbstständigen in der Branche sind die Zeiten ruinös, zumal die sogenannten Novemberhilfen bis Ende Januar noch nicht geflossen sind.“[57]

Ein Schlagwort fällt immer wieder in der Debatte um den kulturellen Lockdown: „Systemrelevanz“. In ökonomischer Hinsicht ist die Kultur sicher nicht so bedeutungslos, wie manche Politiker glauben machen wollen. Eine Studie, die bei der international aufgestellten Wirtschaftsprüfungs- und Beratungsgesellschaft „Ernst & Young“ von der französischen Verwertungsgesellschaft „SACEM“ (Société des Auteurs, Compositeurs et Éditeurs de Musique) in Auftrag gegeben wurde, ergab eine erschreckende Bilanz.

Um rund 31 % soll der Gewinn aus Kultureinnahmen europaweit im Jahr 2020 eingebrochen sein. Damit muss die Kultur mehr wirtschaftliche Verluste einstecken als die Tourismusbranche (Rückgang von 27 %) und die Automobilindustrie (25 % rückläufig). In der Bühnenkunst hatten Kulturschaffende 90 % weniger Einnahmen im Jahr 2020, gefolgt von der Musik mit 76 %.

57 Anne-Sophie Mutter im Interview mit Georg Rudiger, Badische Zeitung vom 27.1.2021, *https://www.badische-zeitung.de/stargeigerin-anne-sophie-mutter-ich-denke-dass-wir-uns-mit-corona-anfreunden-muessen--199739546.html?mode=in*

Die europäische Kulturindustrie habe vor der Krise zu den wirtschaftlichen Schwergewichten der EU gezählt, sagte der Autor der Studie, Marc Lhermitte. Für das Jahr 2019 habe sie mit 4,4 % noch mehr zum Bruttoinlandsprodukt beitragen können als z. B. die Telekommunikationsbranche oder die Pharmaindustrie. Mehr als 7,6 Millionen Menschen arbeiten in Europa als Architekten, Autoren, Musiker, Journalisten, Schauspieler, Maler, Sänger und Werber. Sie erwirtschaften 2019 einen Gesamtumsatz von 253 Milliarden Euro. In der Zusammenfassung der Studie heißt es: „Kultur und Kreativindustrie wirken als Beschleuniger für gesellschaftliche, soziale und nachhaltige Entwicklung."[58]

Vieles vom Kulturangebot findet virtuell im Internet statt – so wie ja insgesamt ein großer Teil des öffentlichen Lebens wegen des Lockdowns in den Digital-Bereich ausgelagert wurde. Kann man in diesem Zusammenhang von Normopathie sprechen? Mit Fromm könnten wir darauf hinweisen, dass die moderne Gesellschaft und die Politik gerade in der aktuellen Krise zu wenig auf die psychische Gesundheit achten und ausschließlich die körperliche Gefährdung vor allem älterer Menschen durch das Virus im Blick haben. Diese Einseitigkeit wiederum hat mit der nicht hinterfragten Grundannahme zu tun, dass der Körper um jeden Preis am Leben zu halten ist, auch um den Preis der Würde, der Freiheit, der Kreativität und der seelischen Gesundheit. Es herrscht das materialistisch-rationale Weltbild, wonach nur das zählt, was wissenschaftlich mess- und nachweisbar ist.

In den Massen-Medien – den Tageszeitungen, Wochenmagazinen und den Nachrichten der Öffentlich-Rechtlichen – hörte man ständig die Zahlen von Neuinfektionen und Corona-Toten. Von denen, die unter den Maßnahmen der Politiker seelisch leiden – und sei es nur, dass ein Konzert- oder Theaterbesuch sie innerlich aufbauen und ihr Immunsystem stärken würde –, hört man fast

58 Sendung: „Allegro" am 27. Januar 2021 ab 6.05 Uhr auf BR-Klassik *https://www.br-klassik.de/aktuell/news-kritik/studie-kultur-corona-wirtschaft-verlierer-europa-kulturpolitik100.html*

nichts. Immerhin kommen in einigen Sendungen wie „Leporello" bei „BR-Klassik" betroffene Kulturschaffende zu Wort.[59]

Zunächst wollen wir lediglich den Verdacht äußern, dass der „Kultur-Lockdown" normopathisch ist. Es soll zunächst allgemein die Beziehung zwischen Kultur und Gesellschaft unter dem Aspekt der Normopathie geklärt werden. Dichtung, Kunst, Musik, Theater, Film, Architektur und Tanz – sind dies nicht wesentliche Elemente einer lebendigen, gesunden Gesellschaft? Es ist doch kein Zufall, dass ausgerechnet die Künste und die Kreativität in Diktaturen wie dem Hitler- oder dem Stalin- oder dem Mao-Regime in ideologische, enge Bahnen gepresst wurden. Für die gesunde Entwicklung einer freien und kritischen, zugleich aber möglichst achtsamen und verantwortlichen Gesellschaft ist die Kunst im weitesten Sinne unerlässlich.

Begeben wir uns auf einen Streifzug durch verschiedene Entwicklungsstadien unserer abendländischen Kultur. Wie haben sich herausragende Werke der Literatur, Kunst und Musik auf das Leben der Menschen ausgewirkt? Konnten sie Normopathien ausgleichen, lindern, neue Wege aufzeigen?

2. Literatur: Odysseus und die praktische Vernunft

*„**A**ndra moi **e**nnepe **mu**sa po**li**tropon …" –*

„Den Mann mir nenne, Muse, den Vielgewandten …"

So begann der blinde griechische Dichter Homer vor fast 3000 Jahren seine „Odyssee", die berühmte Geschichte von der Irrfahrt des Odysseus. Das Versmaß im Altgriechischen heißt Hexameter (Sechsmaß). Schon die erste Zeile schwingt in einem 6/8-Takt, wenn wir

59 Ende April 2021 – zwei Wochen nach unserer Manuskriptabgabe – veröffentlichten über 50 namhafte deutsche Schauspieler unter dem Motto bzw. Hashtag „allesdichtmachen" kritisch-satirische Videos zur Corona-Politik, was eine erregte öffentliche Debatte auslöste. Siehe *https://allesdichtmachen.de/*

die **fett** gedruckten Silben betonen. Und in diesem Walzerrhythmus tanzen die abertausend Strophen des ganzen epischen Gedichts. Der Rhythmus hilft nicht nur beim Auswendiglernen und macht den Vortrag eindringlicher, er soll sogar unsere Gesundheit unterstützen.

Dirk Cysarz (geb. 1970), Mitglied der Forschergruppe und wissenschaftlicher Mitarbeiter am Lehrstuhl für Medizintheorie und Komplementärmedizin an der Universität Witten/Herdecke, kommentiert sein Studienergebnis folgendermaßen: „Während der Rezitation der antiken Verse war eine deutliche Synchronisation von Herzschlag und Atemfrequenz zu beobachten. Die durch den Hexameter-Rhythmus bedingten langsamen Atemschwingungen erzeugten eine harmonische und regelmäßige Herzschlagfolge. Offensichtlich hilft der Hexameter dem Körper, seinen eigenen guten Rhythmus zu finden."[60]

Abgesehen von dem heilenden Rhythmus der Hexameter, ist die „Odyssee" von Homer wohl das in seiner abendländischen Wirkungsgeschichte bedeutendste Epos überhaupt. Der Held Odysseus, der „Vielgewandte" und „Listenreiche", König von Ithaka, will nach dem schrecklichen zehnjährigen Krieg der Griechen gegen die Trojaner endlich zurück in seine Heimat. Dort warten seine Frau Penelope und sein Sohn Telemachos auf ihn. Doch es sollen weitere zehn Jahre der Irrfahrten kreuz und quer über das Mittelmeer vergehen, bevor Odysseus nach vielen haarsträubenden Abenteuern schließlich auf seine Insel zurückkehrt, als Schiffbrüchiger und einziger Überlebender.

Odysseus wurde im Laufe der Jahrtausende zum Archetypus des nach Erkenntnis strebenden Suchers. Bereits in der Antike entstanden Variationen der Geschichte. Dazu kann auch die vor allem im Mittelalter viel gelesene „Aeneis" des römischen Dichters Vergil (70 v. Chr.–19 v. Chr.) gerechnet werden. Sie schildert die Reise von Aeneas, der aus dem brennenden Troja flieht und später die Stadt Rom gründet. Wie Odysseus besteht er viele Abenteuer,

60 *https://www.spektrum.de/news/lest-mehr-gedichte/751721* (8/2020). Siehe auch Christian Salvesen, Leben wie Musik, Band 1: Rhythmus-Körper-Erde, BoD Norderstedt 2020, S. 18 ff.

gibt nie auf, widersetzt sich allerdings nicht den Göttern, sondern handelt pflichtbewusst und wird so zum Vorbild, zum ersten Bürger Roms (Princeps). Odysseus dagegen ist davon überzeugt, dass er durch seine eigene Klugheit überlebt habe, trotz und nicht wegen des Eingreifens der Götter, die in Stunden der Not eben nicht den Menschen helfen würden, sondern nur mit ihren eigenen Streitigkeiten beschäftigt seien.

Die „Odyssee" wurde auch in unserer Zeit immer wieder als Stoff verarbeitet. James Joyce (1882–1941) verdichtete die zehnjährige Reise des Helden in seinem Roman „Ulysses" zu einem Tag in Dublin. Was der Anzeigenverkäufer Leopold Bloom an diesem 16. Juni 1904 erlebt, ist ebenso alltäglich wie einzigartig und zugleich allgemeingültig. Wie Joyce die Sprache einsetzt, um die innere Odyssee, den Bewusstseinsstrom eines Menschen, auszudrücken, gilt nach wie vor als revolutionär.

Es sind etliche Spielfilme und TV-Serien rund um Odysseus' Geschichte entstanden, zuletzt (2020) die Reihe „Die großen Mythen" auf dem Deutsch-Französischen Sender „arte". Da erklärt Odysseus gegen Ende der zehnteiligen Serie „Odyssee" seiner Schutzgöttin Athene, dass er den Göttern nicht mehr opfern werde, und dass die Menschen die Götter vergessen werden.[61] Die Reihe „Die großen Mythen" verbindet Zeichentrickfilme und Zeugnisse der Kunst von der Antike bis heute zu einem faszinierenden Erlebnis.

In der Rezeption des 20. Jahrhunderts gilt Homers „Odyssee" als Ausdruck eines geistesgeschichtlichen Paradigmenwechsels: von der mündlichen Überlieferung zur Schrift, vom Stammes- zum Individualbewusstsein bzw. zur Subjektwerdung und vom „Mythos zum Logos"[62].

Normopathisch gesehen dient die „Odyssee" wie alle Mythen der Stabilität der Gesellschaft. Sie liefert Erklärungen, warum die

61 Vgl. Die Großen Mythen, Die Odyssee, Teil X, Götterdämmerung, Regie Camille Dalbéra, arte 2020.

62 Vgl. Wilhelm Nestle, Vom Mythos zum Logos. Die Selbstentfaltung des griechischen Denkens von Homer bis auf die Sophistik und Sokrates, Kröner, Stuttgart 1940.

Welt so und nicht anders ist, und leitet zum richtigen Handeln an. Es werden die Ideale der Tapferkeit, der Schönheit, der Freundschaft und Treue vermittelt. Die alte Ordnung, nach der die unsterblichen Götter die sterblichen Menschen leiten und diese die Götter verehren und ihnen opfern, wird allerdings von Homer infrage gestellt. Wenn sogar Zeus, der Herrscher im Olymp, andauernd seine Ehefrau Hera betrügt und die Schar seiner unehelichen Kinder unüberschaubar ist, wer wollte dann als menschlicher Mann seiner Frau treu sein? Die Götter verhalten sich wie Menschen: Sie sind herrschsüchtig, (sex-)gierig, eifersüchtig, eitel, gewalttätig, hinterhältig und boshaft. Der Verdacht liegt nahe: Die Götter sind anthropomorph, von den Menschen nach ihrem eigenen Bilde erfunden und in den Himmel erhoben.

Homers Epos hat viele Schichten und bietet ganz unterschiedliche Interpretationsmöglichkeiten: Einerseits können sich junge Männer mit den Kriegshelden identifizieren. Die griechische Gesellschaft der Antike ist keinesfalls friedliebend. Es wird ständig gekämpft und in den Epen und Dramen wird die kriegerische Gewalt verherrlicht. Ob das im Abendland als ein Erbe übernommen wurde? Andererseits überschritten die griechischen Krieger eine Grenze, als sie in Troja am Ende alle niedermetzelten, auch die Frauen und Kinder. Die Heimkehrer wurden dafür von den Göttern bestraft.

Die Figur des Odysseus ist ebenfalls vielschichtig: „Als Typus des tapferen und leidgeprüften Kriegers pointiert Odysseus den in Athen keineswegs selbstverständlichen Gedanken, dass ein Leben nicht nach dem erworbenen Ruhm oder der Macht zu bewerten sei, sondern nach der in ihm verwirklichten Tugend, und emanzipiert sich damit zugleich von dem Modell politischer Aristokratie.“[63]

So betrachtet, konnte die „Odyssee“ also schon in der Antike als Aufforderung zum individuellen Aufbruch und zu einer Selbsterforschung gedeutet werden, die die allgemeinen, äußerlichen Werte

63 Sölch, Dennis, Odysseus in der Philosophie. Zur Epigenesis einer mythologischen Gestalt, in: *Mythos-Magazin*, 2011, S. 8, *http://www.mythos-magazin.de/mythosforschung/ds_odysseus.pdf*

der Gesellschaft wie Ruhm und Reichtum infrage stellt. Marcus Tullius Cicero (106 v. Chr.–43 v. Chr.) interpretiert den Gesang der Sirenen als Erkenntnis verheißend. Odysseus lässt sich an den Mast binden, denn sein Verlangen nach Wissen sei stärker als seine Liebe zum Vaterland.[64] Der Schiffsmast wird in mittelalterlichen Interpretationen zum christlichen Kreuz, das nötig ist, um den Versuchungen der Sirenen, d. h. des Teufels zu widerstehen. Für den Philosophen Friedrich Nietzsche (1844–1900) repräsentiert Odysseus, der die Tiefen der Seele auslotet und rücksichtslos, listig und neugierig ist, das Gegenteil zur verlogenen christlichen Herdenmoral. Laut Ernst Bloch (1885–1977), vor allem bekannt durch sein Werk „Prinzip Hoffnung", ist im Archetypus Odysseus „‚in fortverpflichtender, utopischer Weise lebendig'[65], was uns in jeweils geschichtlich und gesellschaftlich geprägter Form auffordert, ein neues, besseres Selbstbild zu entwerfen".[66]

Wir können davon ausgehen, dass Homers „Odyssee" im Unterricht an unzählige Schüler vermittelt wurde, und dies seit Jahrtausenden. Ob und wie sich ein solches Studium auf die Lebenseinstellung der Studenten ausgewirkt hat, ist schwer zu überprüfen. Man kann nur spekulieren, dass tatsächlich immer wieder mal einige Humanisten ein „besseres Selbstbild entwarfen" und Impulse für eine gesellschaftlich „gesunde" Entwicklung einbrachten und noch heute einbringen.

Der amerikanische Philosoph Alfred North Whitehead (1861–1947) stellt in einer Abhandlung über die Vernunft[67] Odysseus als Repräsentanten der praktischen Vernunft Platon gegenüber, der die theoretische Vernunft vertritt. Beide Aspekte sind wesentlich und Grundpfeiler der Bildung und Kultur in der europäischen Geschichte. Odysseus denkt und handelt zweckmäßig und zielgerichtet – clever –, während Platon das philosophische Ideal einer

64 Cicero, Marcus Tullius, Fünf Bücher über das höchste Gut und größte Übel (De finibus malorum et bonorum) V, § 49. S. 277 f., *https://www.susannealbers.de/literatur/Cicero-Buecher.pdf* (abgerufen April 2021).

65 Bloch, Ernst, Das Prinzip Hoffnung in 3 Bd., Suhrkamp, Frankfurt a. M 1967, S. 1094.

66 Sölch, Dennis, Odysseus in der Philosophie. Zur Epigenese einer mythologischen Gestalt, a. a. O., S. 11.

67 Whitehead, Alfred North, Die Funktion der Vernunft, Reclam, Stuttgart 1974.

interesselosen göttlichen Neugier lehrt. Die praktische Vernunft bringt den technischen Fortschritt hervor, der sich aber ohne die Reflexion des Ganzen in gefährliche, zerstörerische Bahnen verrennen kann.

Schließlich spielt Odysseus auch eine zentrale Rolle in der berühmten „Dialektik der Aufklärung" von Max Horkheimer (1895–1973) und Theodor W. Adorno (1903–1969).[68] Hier sind drei Gedanken oder Aspekte für unser Thema „Normopathie" besonders wichtig:

- Mythos und Aufklärung stellen zwei Seiten der Vernunft dar und stehen in dialektischer Wechselbeziehung: Im Mythos ist die Aufklärung enthalten und die Aufklärung kann wieder zum Mythos werden.
- Odysseus wird zum individuellen Selbst (Individuation, Subjektwerdung), was eine Abspaltung von der Natur bedeutet und die (Fehl-)Entwicklung der Gesellschaft bis hin zum „Wahnsinn des Spätkapitalismus" zur Folge hat, wo das Mittel zum Zweck wird.
- An die Stelle des Opfers (an die Götter) tritt die List und an die einer einfachen, ehrlichen Sprache die Lüge. Indem Odysseus dem Riesen Polyphem den falschen Namen „Niemand" angibt, hat er die Sprache von ihren Inhalten „entkoppelt". (Damit ist der Boden für „Fake News à la Trump" bereitet – dazu später mehr.) „Mit der Beherrschung der Sprache als Instrument geht die Ausübung definitorischer Macht einher und verweist auf Odysseus als Prototyp des modernen Entdeckers und Wissenschaftlers."[69]

Mythen wie die „Odyssee" haben auf vielfältige Weise unsere Vorstellungswelt und Werte, unsere gesamte Bildung und Kultur mitgeprägt. Man denke nur an die großen Maler und Bildhauer, die

68 Horkheimer, Max/Adorno, Theodor W., Dialektik der Aufklärung, Suhrkamp, Frankfurt a. M. 1988.

69 Sölch, Dennis, Odysseus in der Philosophie. Zur Epigenese einer mythologischen Gestalt, a. a. O., S. 25.

sich vor allem seit der Renaissance mit der griechischen Mythologie auseinandersetzten. Auf einer noch allgemeineren und tiefer liegenden Ebene kann der Mensch als Geschichtenerzähler definiert werden. Der amerikanische Psychologe Walter Fisher (1931–2018) sprach vom „homo narrans“, sein Landsmann, der Philosoph Alasdair MacIntyre (geb. 1929), vom „story telling animal“. Welche Art von Geschichten in einer Gesellschaft gefördert und gezielt verbreitet und welche unterdrückt, ins Abseits gestellt oder schlicht verboten werden, sagt einiges über die jeweilige Gesellschaft und ihren Grad an Normopathie.

Ein bestimmtes Genre von Romanen widmet sich der Frage, wie die Gesellschaft der Zukunft aussieht.

3. Zukunftsvisionen

Guy Montag arbeitet bei der Feuerwehr. Er muss keine Brände löschen, sondern in fremden Häusern Bücher finden, die dann verbrannt werden. Denn Bücher sind vom Staat verboten. Sie können aufgrund ihrer kritischen und problembeladenen Inhalte das Glück der Menschen stören. Als Guy die Lehrerin Clarisse trifft, die nicht mehr unterrichten darf, weil sie leidenschaftlich gern liest, wird er neugierig und nimmt heimlich Bücher mit nach Hause. Die wirken tatsächlich. Guy beginnt, die Ideologie der Gesellschaft zu hinterfragen. Es kommt zu Konflikten mit seiner systemtreuen Frau Linda und auch dem Feuerwehrvorgesetzten. Clarissa ist bereits untergetaucht und zu den „Buchmenschen“ geflohen, die im Wald leben und Bücher auswendig lernen, um sie für die Nachwelt zu erhalten. Nach etlichen dramatischen Entwicklungen, die eine tiefe Verzweiflung, Zerrissenheit und Leere der Menschen hinter der oberflächlichen Glücksfassade offenbaren, bleibt auch Guy Montag nur noch die Flucht zu den Buchmenschen.

Das ist die Geschichte, die der französische Regisseur François Truffaut (1932–1984) in seinem 1966 gedrehten Film „Fahrenheit 451“ nach dem gleichnamigen Roman von Ray Bradbury (1920–

1012) erzählt. Der Titel bezieht sich auf eine Temperatur von 233 Grad Celsius, bei der sich Papier angeblich entzündet. Inhaltlich gehört er zum Genre der Dystopie, einer negativen Utopie, die vor einer katastrophalen Fehlentwicklung warnt. Im 20. Jahrhundert sind etliche dystopische Meisterwerke entstanden, wohl nicht zuletzt unter dem Eindruck der beiden Weltkriege und der Gefahr eines dritten Weltkrieges, der Diktaturen, der zunehmenden Zerstörung der Natur sowie einer rasenden technologischen Entwicklung, die der Kontrolle des Menschen zu entgleiten droht. Die Geschichten mögen übertrieben oder fantastisch und weit hergeholt anmuten, doch meist wird der Finger auf eine bereits akute Fehlentwicklung oder Normopathie der modernen Gesellschaft gelegt.

George Orwells „1984" und Aldous Huxleys „Schöne neue Welt" sind die wohl bekanntesten Dystopien des 20. Jahrhunderts. Huxley (1894–1963) war für kurze Zeit Mentor von Orwell, bürgerlich Eric Blair (1903–1950), am berühmten EtonCollege in Berkshire. Huxleys Roman „Brave New World" erschien 1932, ein Jahr später in Deutschland unter dem Titel „Welt – Wohin?". Orwell schickte seinem ehemaligen Mentor seinen Roman „1984" vor seiner Veröffentlichung 1949 als Manuskript. Der gab ihm positives Feedback, meinte aber, er sehe die eigentliche Gefahr nicht in einer Diktatur, die Lügen, permanente Überwachung und schiere Gewalt einsetzt, wie in „1984" dargestellt, sondern in einer auf wissenschaftlichen Methoden aufbauenden „perfekten" Diktatur, in der die Menschen so konditioniert sind, dass sie ihr Sklavendasein lieben.[70]

Beide Romane sind sehr komplex. Wir können hier nur einige für unser Thema besonders relevante Aspekte herausgreifen.

„Schöne neue Welt" beschreibt einen weltumspannenden totalitären Staat im Jahr 632 n. F. (nach Henry Ford, dem Autohersteller). Die Menschen sind in zwei führende und drei dienende Kasten eingeteilt und für ihre jeweiligen Aufgaben gezüchtet und konditioniert. Jeder ist mit der ihm zugeteilten Rolle zufrieden. Krankheit, Armut und Kriege gibt es nicht mehr. Statt der natürlichen Empfängnis und

70 *https://programm.ard.de/TV/arte/george-orwell--aldous-huxley/eid_287243668347839*

Geburt entstehen die Embryos als Klone durch künstliche Befruchtung. Ihre Entwicklung wird entweder optimiert oder gedrosselt, je nach zugedachter Funktion. Die Erziehung ist staatlich kontrolliert, Familien sind abgeschafft. Die Kleinkinder werden durch Schmerz und Belohnung konditioniert, Blumen und Bücher instinktiv zu meiden. Die gesamte Kultur besteht aus oberflächlichen Unterhaltungsprogrammen, freiem Sex ohne tiefere Gefühle und dem Konsum einer harmonisierenden Droge namens „Soma". Nach 70 glücklichen Lebensjahren lässt sich jeder Mensch mit einer Überdosis einschläfern. Niemand hat Angst vor einer ungewissen Zukunft, vor dem Sterben und dem Tod. „Kollektivität, Identität, Stabilität", so lautet der für alle geltende Leitspruch.

Allerdings duldet die Weltregierung an einigen entlegenen Gebieten der Erde isolierte Reservate mit einer „primitiven" Stammeskultur. Sie hat die natürlichen Lebensvorgänge wie Geburt, Krankheit und Altern bewahrt. Einer der Protagonisten, John Savage, der „Wilde" John (dt. Michel), ist in so einem Reservat geboren und aufgewachsen. Durch die Erzählungen seiner Mutter neugierig geworden, besucht er die „zivilisierte Welt", ist aber schon bald angewidert. Der genormten Oberflächlichkeit hält er Shakespeare-Zitate entgegen. Er begegnet schließlich Mustapha Mond, dem Weltbereichscontroller Westeuropa, ehrfurchtsvoll mit „Seine Fordschaft" angeredet. „Geschichte ist Mumpitz", zitiert er vor Studenten den großen Ford. Doch insgeheim denkt er anders. Er vertraut dem „Wilden" an, dass auch er Shakespeare und viele andere verbotene Texte kenne. Er weiß um die Schwächen des Systems, verhält sich aber konform zum „Wohl des Ganzen", auch um seine Führungsposition nicht zu verlieren. Der „Wilde" kehrt schließlich zurück und lebt allein in der abgeschiedenen Wildnis.

Huxley schreibt in seinem Vorwort zur 2. Ausgabe von 1949 – die deutsche Übersetzung erschien 1950 unter dem Titel „Wackere neue Welt" –, er hätte dem „Wilden" eine dritte Option einräumen sollen, nicht nur die Alternative zwischen der programmierten Gesellschaft und der Wildnis. Und zwar eine Lebensform mit der „Möglichkeit geistesgesunden Lebens, verwirklicht in einer Gemeinschaft von Verbannten und Flüchtigen aus der schönen neuen Welt".

Die Religion würde zwischen Mythos und Areligiosität ein Streben „nach Geistesgesundheit der frei zusammenwirkenden Individuen" bedeuten. Ziel dabei sei ein „höherer Utilitarismus, worin das Prinzip des größten Glücks dem des höchsten Zwecks untergeordnet sei", dem Endzweck nämlich, eine „einende Erkenntnis des immanenten Taos oder Logos" zu erreichen – und somit auch soziale Beständigkeit."[71]

Orwells „1984" wirkt sehr viel düsterer und beängstigender als Huxleys „Schöne neue Welt". Der Roman scheint leider auch näher an der gesellschaftlichen Realität zu sein. Er entstand zwischen 1946 und 1948. Die Diktatur im Nationalsozialismus und der Stalinismus lieferten konkrete Vorbilder für Orwells totalitären Überwachungsstaat. „Big Brother is watching you" – wohl jeder kennt diesen Schlüsselsatz des Romans.

Die Handlung in Kurzfassung: Winston Smith arbeitet im Wahrheitsministerium. Er soll die Geschichte verfälschen, sodass die Daten mit den Vorgaben der Einheitspartei übereinstimmen. Doch dabei wächst sein Misstrauen gegenüber Big Brother und der Politik der Funktionäre der „Inneren Partei", die an der Spitze der Gesellschaft steht. Er muss darauf achten, dass er nicht von der Gedankenpolizei aufgespürt wird. Auch seine Liebe zu Julia ist streng verboten – wie jede Liebesbeziehung. Schließlich wird er doch gefasst, verhört und gefoltert – im „Ministerium der Liebe". Eingesperrt mit Ratten wird seine tiefste Angst geweckt und er verrät den Namen seiner Geliebten Julia, die ebenfalls einer Gehirnwäsche unterzogen wird. Winston ist am Ende überzeugt, nur den „Großen Bruder" zu lieben und glaubt, dass 2 + 2 = 5 ist, wenn die Partei dies sagt.

---

71 Huxley, Aldous, Vorwort zur 2. Ausgabe von „Brave New World" (1949), *https://de.wikipedia.org/wiki/Sch%C3%B6ne_neue_Welt*, (14.2.2021).

Die von Orwell dargestellten Methoden der Manipulation, Überwachung und Kontrolle sind perfide, subtil und brutal zugleich. Begriffe wie Wahrheit und Lüge, Krieg und Frieden werden geradezu ausgetauscht. Die Sprache selbst wird durch das sogenannte „Neusprech" gezielt so verwandelt, dass sie in der Kommunikation und im eigenen Denken für jede kritische Überlegung unbrauchbar wird. Einfache Beispiele hierfür: Aus „Ministerium für Wahrheit" wird die Kurzform „Mini-Wahr". Gegensatz-Paare werden auf die formale Verneinung reduziert: nicht mehr „gut-schlecht" oder „gut-böse", sondern „gut-ungut". Aus einer Steigerung wie „gut, besser, am besten" wird „gut, plus-gut, plus-plus-gut". Eine Art Entleerung von Inhalt, eine Formelhaftigkeit, vergleichbar jener Abstraktion, die Fromm als Entfremdung kritisiert.

Die Überwachung funktioniert über ständig laufende Bildschirme, die überall auf den Straßen und in allen Privaträumen angebracht sind und nicht abgestellt werden können. Sie übermitteln Dauerpropaganda und dienen zugleich durch Kamera und Mikrofon zum Ausspionieren. Auch sind alle Bürger aufgefordert, sich gegenseitig zu überwachen und jeden Verdacht sofort zu melden.

Was ist heute von Orwells und Huxleys Dystopien eingetroffen? Beide Visionen sind aktuell in verschiedenen Gesellschaften in unterschiedlich starker Ausprägung zu erkennen. Zu diesem Ergebnis kommt jedenfalls die TV-Dokumentation „George Orwell, Aldous Huxley – 1984 oder Schöne neue Welt" von Philippe Calderon und Caroline Benarrosh auf „arte".

Felim McMahon, Direktor des „Human Rights Centers" in Berkeley, sagt in einem Vortrag sinngemäß: In Orwells Welt werden uns die Informationen genommen und die Fakten vernichtet, in Huxleys Welt werden wir mit Informationen überschüttet und auf Passivität und Egoismus reduziert. Heutige mächtige Politiker (eingeblendet werden Präsident Trump und Chinas Machthaber Xi Jinping) sagen uns, Fakten zählen nicht, und gleichzeitig, es gäbe keine Fakten.

Die französische Philosophin und Psychoanalytikerin Cynthia Fleury (geb. 1974) argumentiert folgendermaßen: Wenn das Wort als wichtigstes Instrument zur Regulation in einer Demokratie als unehrlich und nichtig empfunden wird (Einblendung Trump „believe me"), dann treten an seine Stelle Gewalt, übermäßige Sicherheit und übertriebene Ordnung. „Das qualitative Verhältnis des Worts aufrechtzuerhalten ist eine politische Herausforderung."[72]

Seit Huxley und Orwell hat sich unsere Welt bereits enorm gewandelt, vor allem durch die Digitalisierung, das Internet, Social Media und – besonders zweischneidig – die künstliche Intelligenz (K. I. bzw. A. I. = Artificial Intelligence).

Ilya Sutskever (geb. 1986), ein Experte für die sich selbst weiterentwickelnde künstliche Intelligenz (A. G. I.), Forschungsleiter von Elon Musks „OpenAI", meint: „K. I. ist ja eine tolle Sache, denn sie wird alle Probleme lösen, die wir heute haben. Aber sie wird auch neue Probleme schaffen. Ich glaube, das Problem, das wir heute mit Fake News haben, wird 100.000 Mal schlimmer. Cyber-Attacken werden schlimmer. Es wird komplett automatisierte K.-I.-Waffen geben. Wir glauben, dass K. I. das Potenzial hat, eine endlose stabile Diktatur zu erschaffen."[73] Darauf werden wir noch ausführlicher eingehen.

4. Kunst als Gegenmittel zur Normopathie – Die Bedeutung der Perspektive

Kunst im weitesten Sinne – Gestaltung von Bildern, Plastiken, Gebäuden, Kleidung – ist Ausdruck eines bestimmten geistigen Vermögens.

An den Artefakten der verschiedenen Epochen und Kulturen wollte der Schweizer Philosoph Jean Gebser (1905–1973) eine allgemeine Entwicklung des menschlichen Bewusstseins ablesen. Die

72 *https://www.facebook.com/artede/videos/874283360042000*
73 Tonje Hessen Schei: „IHuman", 90-minütige TV-Doku auf „arte", *https://www.arte.tv/de/videos/081590-000-A/ihuman/*

Einstellung, die Perspektive, aus der die Menschen die Welt und sich selbst sehen und verstehen, ändert sich offensichtlich immer wieder. Ein wichtiger Wandel geschah in der griechischen Antike. Gebser sieht hier den Beginn des mentalen Bewusstseins, wo sich der Mensch als Ich, als Einzelner einer Welt gegenübersieht, die er zunehmend mit seinem Verstand zu beherrschen sucht.

Was in der Antike und in der Renaissance zu einer messenden – maßvollen – Erforschung der Welt und des Menschen führte, hat sich heute zu einer einseitigen, maßlosen Kontrollsucht entwickelt. Eine effiziente Bewusstseinsphase wird irgendwann defizient – so wie eine Pflanze sprießt, blüht und vergeht. Gebser erlebte noch die Anfänge unseres „Computer-Zeitalters". Er erkannte die Gefahr der Herrschaft der Maschine über den Menschen. Zugleich sah er in der modernen Kunst – im Kubismus eines Pablo Picasso (1881–1973) und in der Abstraktion eines Wassily Kandinsky (1866–1944) – die Auflösung der Perspektive und damit den Beginn eines neuen Bewusstseins, nämlich des integralen Bewusstseins.

In den Gemälden des Mittelalters ist noch keine realistische Räumlichkeit zu erkennen. Die Personen erscheinen je nach Bedeutung groß oder klein vor einem einheitlichen, meist goldenen Hintergrund. Erst in der Renaissance – besonders überzeugend bei Leonardo da Vinci (1452–1519) – kommt die Perspektive zum Einsatz. Der Betrachter des Bildes fühlt sich in den imaginären Raum hineingezogen. Hier ist das mentale Bewusstsein gleichsam in seiner Blüte: Ich, das Individuum und Subjekt, bin im Zentrum meiner Welt, die sich vor mir als Raum ausbreitet und die ich erkunden kann.

Das Revolutionäre bei Gemälden von Picasso und anderen ist die Relativierung der einen Perspektive, des festgelegten Standpunktes. Die Welt erscheint wie von mehreren Standorten gleichzeitig betrachtet und gewinnt so an Interpretationsmöglichkeiten. Ebenso können die Werke eines Joan Miró (1893–1983), Paul Klee (1879–1940) oder Marc Chagall (1887–1985) als Ausdruck und Darstellung der Auflösung einer Grenze verstanden werden, die für das mentale Bewusstsein naturgegeben und unüberwindbar scheint: Welt und Ich, Objekt und Subjekt, Realität und Traum, Außen und Innen scheinen ineinanderzufließen. Alle möglichen Perspektiven und auch die „früheren" Schichten des archaischen und magischen Bewusstseins zu integrieren, das ist laut Gebser die aktuelle Herausforderung. Im integralen Bewusstsein erhalten Zeit und Raum eine völlig neue Qualität, ja, sie werden gewissermaßen überwunden. Immerhin erschafft das Bewusstsein zuallererst Zeit und Raum, ist ihr Ursprung:

„Der Ursprung ist immer gegenwärtig. Er ist kein Anfang, denn aller Anfang ist zeitgebunden. Und die Gegenwart ist nicht das bloße Jetzt, das Heute oder der Augenblick. Sie ist nicht ein Zeitteil, sondern eine ganzheitliche Leistung, und damit auch immer ursprünglich. Wer es vermag, Ursprung und Gegenwart als Ganzheit zu Wirkung und Wirklichkeit zu bringen, sie zu konkretisieren, der überwindet Anfang und Ende und die bloß heutige Zeit."[74]

5. Kunst im Dienst der Gemeinschaft

Große Denkmäler und Prachtbauten sind besonders geeignet, den jeweiligen Herrscher und/oder eine herrschende Ideologie zu verherrlichen. Wenn Künstler ihr Talent für Propaganda und die Bewerbung zweifelhafter, z. B. gesundheitsschädlicher, verdummender Produkte einsetzen, sei es aus Geldnot oder unter politischem Druck, dann wird ihre Kunst normopathisch. Beispiele für derartigen „Kunstmissbrauch" finden wir in allen totalitären Regimen. So gesehen lassen die Kunstwerke aus den unterschiedlichen Epochen und Kulturen auch Rückschlüsse auf die Gesellschaft zu: Wie frei und selbstbestimmt können sich die Menschen entfalten? Wie äußern sie ihre Wünsche oder Kritik am System? Welche Visionen dürfen entstehen und dargestellt werden?

74 Gebser, Jean, Vorwort zu „Ursprung und Gegenwart" (1949), in: Gesamtausgabe Band II, Novalis Verlag , Neukirchen 2007, S. 15.

Der Film „Werk ohne Autor“ von Florian Henckel von Donnersmarck (geb. 1973) greift die Biografie des deutschen Malers Gerhard Richter (geb. 1932) auf und führt sehr anschaulich vor Augen, wie sich im 20. Jahrhundert die Kunst in Bezug zur Gesellschaft gewandelt hat.[75]

Zu Beginn des Films führt ein junger Mann (gespielt von Lars Eidinger) eine Gruppe durch die Wanderausstellung „Entartete Kunst“ von 1937 in Dresden. Er weist auf die entstellten Gesichter von Menschen in Porträts und die verzerrten, abstrakten Formen und grellen Farben in Landschaftsbildern hin und stellt rhetorische Fragen: Sind diese Künstler wahnsinnig? Nehmen sie die Welt tatsächlich so wahr? Dann gehören sie in die Irrenanstalt. Oder wollen sie nur schockieren? Dann muss ihr schädlicher Einfluss auf unsere Volksgemeinschaft gestoppt werden. Denn unser Volk hält sich an Werte wie körperliche und geistige Gesundheit, Schönheit, Wahrheit, Anstand.

In der Besuchergruppe befindet sich auch der fünfjährige Kurt Barnert (der Name steht für den Maler Gerhard Richter) mit seiner Tante Elisabeth. Die beiden sind von den ausgestellten Bildern fasziniert. Die Tante, die später aufgrund der gezielten (Fehl-)Diagnose „Schizophrenie“ als „unwertes Leben“ vergast wird, schärft dem Jungen ein, nie wegzusehen. Alles, was geschieht, will wahrgenommen werden. So lautet auch der internationale Titel des Films „Never Look Away!“.

In der zweiten Film-Phase seines Lebens studiert Gerhard Richter alias Kurt Barnert (nun gespielt von Tom Schilling) Malerei an der Dresdner Kunstakademie. Sein Professor, ein überzeugter Kommunist, schätzt Kurts großes Talent und verhilft ihm zur Gestaltung eines großen prestigeträchtigen Freskos im Stil des „Sozialistischen Realismus“. Er hält die kubistischen Werke von Picasso für formalistisch und egoistisch, nur darauf bedacht, Aufmerksamkeit zu erregen und gute Preise zu erzielen. Was hat die Arbeiter-

75 Buchtipp: Florian Henckel von Donnersmarck, Werk ohne Autor. Filmbuch, Suhrkamp, Berlin 2018 (Originaldrehbuch mit Filmfotos).

klasse davon? Der Kunstprofessor meint es gut, doch Kurt fühlt den inneren Widerstand gegen diese Art von Propagandakunst so stark, dass er schließlich, kurz vor dem Bau der Mauer, mit seiner Freundin nach Westdeutschland flieht.

Die dritte Film-Phase spielt an der Düsseldorfer Kunstakademie. Die Koryphäe hier heißt im Film Professor Antonius van Verten, gemeint ist allerdings der Aktionskünstler, Bildhauer und Kunsttheoretiker Joseph Beuys (1921–1986). Er hat Charisma, etwas Mystisches und Kompromissloses. Er besteht darauf, dass die Studenten sich selbst erforschen. Nur sie selbst wüssten, ob und wie sie authentische Kunst hervorbringen können. Die Studenten sollen ihm ihre Werke nur ausnahmsweise zeigen, wenn er sie persönlich auffordere, doch sie müssen seine Vorlesungen besuchen. Da sagt er zum Beispiel, während er Wahlplakate von CDU und SPD zeigt: „Wählt keine Partei. Wählt die Kunst. Nur in der Kunst ist Freiheit keine Illusion. Jeder hat die Möglichkeit, ein Künstler zu sein, wenn er seine subjektiven Fähigkeiten entwickelt, ohne sich an äußere Richtlinien zu halten. Indem ihr euch selbst befreit, befreit ihr die Welt.“[76]

Nach vielen vergeblichen Bemühungen gelingt es dem auf die Malerei fixierten Helden in dieser turbulenten und köstlich-witzig dargestellten Kunstszene schließlich, seine ureigene Ausdrucksweise zu finden. Er malt fotorealistisch Fotos aus der Zeitung ab und verwischt sie leicht. Im Film zeigen diese Fotos auch Nazis, die für die Ermordung seiner Tante verantwortlich waren. Malerei ist zwar out, aber die realistischen Gemälde haben eine erstaunliche Magie. Der Künstler wird schließlich ausgestellt und anerkannt. Da er behauptet, die Vorlagen ohne persönlichen Bezug auszuwählen, bezeichnen einige Kritiker seine Kunst als „Werk ohne Autor“.

Der Film regt zu vielen Fragen an. Eine davon ist: In welchem Verhältnis stehen mein subjektives Empfinden, meine Sicht und

---

76 Dieses Filmzitat ist angelehnt an mehrere authentische Aussagen von Joseph Beuys, so an den berühmten Satz, den er in einem Interview mit dem „Spiegel“ 1984 äußerte: „Jeder Mensch ist ein Träger von Fähigkeiten […]. Er ist ein Künstler, ob er nun bei der Müllabfuhr ist, Krankenpfleger, Arzt, Ingenieur oder Landwirt“, *https://www.swr.de/swr2/kunst-und-ausstellung/joseph-beuys-jeder-mensch-ist-ein-kuenstler-100.html*

mein individueller Ausdruck zur Gesellschaft und ihren Normen? Wie kann ich selbst ein Künstler sein? Wo neige ich dazu, wegzuschauen?

6. Musik: Resonanz und Stimmung

Gedichte, Musik und Tanz weisen uns auf ein Prinzip hin, das in der gesamten Natur und Existenz herrscht. Alles, vom Elektron bis zur Galaxie, bewegt sich in einem eigenen Rhythmus und schwingt zugleich mit unzähligen anderen Rhythmen. Und alle beeinflussen sich gegenseitig. Resonanz, glaubt der Molekularbiologe und Philosoph Friedrich Cramer (1923–2003), ist das, was die Welt im Innersten zusammenhält.[77]

Die Musik bringt unseren gesamten Organismus dazu, sich auf sie einzuschwingen, mit ihr in Resonanz zu gehen. Neurologen und Psychologen sprechen in diesem Zusammenhang vom „Entrainment". Die Möglichkeit, durch Entrainment Emotionen und Stimmungen zu lenken und sich zur Harmonie hinführen zu lassen, ist eines der wirksamsten Instrumente heutiger Therapie.[78]

Musik spielt eine zentrale Rolle im Leben der meisten Menschen und in der Gesellschaft. Das wird allerdings oft nicht bewusst wahrgenommen. Beschwingte, meist seichte Hintergrundmusik soll im Kaufhaus, im Supermarkt und in der Werbung den Konsum ankurbeln. Märsche und Kampflieder dienten über die Jahrtausende bis heute dazu, Soldaten im Krieg anzufeuern. Wie die Kunst wurde und wird bestimmte Musik in totalitären Staaten zu Propagandazwecken eingesetzt, andere verboten. Amerikanische Jazz-Musik war im Dritten Reich wie auch im Ostblock offiziell als dekadent und moralisch „zersetzend" verpönt.

Wie stark Musik auf die menschliche Psyche wirkt und unsere Stimmung beeinflusst, war bereits dem Kaiser von China vor 2500

---

77 Vgl. Friedrich Cramer, Symphonie des Lebendigen. Versuch einer allgemeinen Resonanztheorie, Insel TB, Frankfurt a. M. und Leipzig 1998.

78 Siehe dazu Christian Salvesen, Leben wie Musik, Band 1 und Band 2, BoD, Norderstedt 2020.

Jahren bekannt. Er setzte in seinem großen Reich Musikexperten als Spione ein. Sie sollten überprüfen, ob die jeweils gespielte und gesungene Musik der Stabilisierung der Ordnung diente oder sie zersetzte. Es ging dabei um die Verstärkung von Tugenden und Qualitäten wie Tapferkeit, Treue, innere und äußere Harmonie, Einklang mit dem Ganzen. Ähnlich sah Platon (428/427 v. Chr.–348/347 v. Chr.) die Funktion der Musik in seinem Idealstaat. Verweichlichende Tonskalen waren verboten.

Wir können in der Kulturgeschichte eine Wechselwirkung zwischen der jeweiligen Herrschaftsform und der vorherrschenden Art der Musik feststellen. Natürlich ändern sich die Stilrichtungen in der Musik wie auch in der Mode, Architektur, Literatur usw. aufgrund vieler Faktoren, darunter die technische Entwicklung der Instrumente, die Bezahlung von Komponisten und Musikern, die jeweilige Ideologie. In der Musik des Abendlandes war lange die Unterscheidung zwischen sakraler und weltlicher Musik wichtig. Heute ist es eher die zwischen E- und U-Musik, d. h. zwischen ernster/klassischer und Unterhaltungsmusik. Die Musik des 17. und 18. Jahrhunderts war bestimmt von den Vorgaben und Aufträgen der Kirche einerseits und der absolutistischen Herrscher andererseits. Musik wurde gebraucht für heilige Messen ebenso wie für repräsentative Feste an den Fürstenhöfen. Erst im 19. Jahrhundert traten Komponisten wie Ludwig van Beethoven (1770–1827) als Selbstständige mit einer eigenen Freiheitsidee in Erscheinung.

Eine erstaunliche Entwicklung geschah in Amerika und Europa in den 50er- und 60er-Jahren des 20. Jahrhunderts. Eine neue Art von Musik – Rock'n' Roll, Rock, Beat, Rhythm & Blues, Soul, Country mit Musikern und Bands wie Elvis Presley, Chuck Berry, Bob Dylan, Joan Baez, den Beatles, den Rolling Stones, den Doors, Cream, Grateful Dead fand – bei aller Unterschiedlichkeit von Genre und Stilrichtung – eine enorme, weltweite Resonanz bei Jugendlichen, die sich von den traditionellen Vorstellungen von Leistung, Autorität und Lebenssinn loslösen wollten. Das Phänomen der Rock- und Hippiekultur der 60er-Jahre ist viel diskutiert und in Büchern thematisiert worden. Es bleibt immer noch ein Rest von ungläubigem Erstaunen. Für uns ist es ein Beispiel dafür, dass Musik als Katalysator für eine anti-normopathische gesellschaftliche Entwicklung dienen kann.

7. Spiritualität: Die Sekten der 80er-Jahre

Die Hippiebewegung ging Ende der 60er-Jahre teilweise in eine an der indischen Spiritualität orientierten Lebensweise über. Der indische Guru Maharishi Mahesh Yogi (1918–2008) wurde nicht zuletzt durch die Beatles in den USA populär. Seine sogenannte „Transzendentale Meditation" trat für etliche an die Stelle psychotroper Substanzen wie LSD. Indische Musik fand erstmals im Westen Gehör und Anerkennung. George Harrison (1943–2001) nahm Sitar-Unterricht bei Ravi Shankar (1920–2012). In den Einkaufsstraßen der Großstädte Nordamerikas und Westeuropas stimmten die Anhänger der Hare-Krishna-Bewegung ihr eingängiges Mantra an.

Ende der 70er machte ein weiterer indischer Meister Schlagzeilen in den Massen-Medien: Der als „Sex-Guru" berüchtigte, exzentrische Bhagwan Shree Rajneesh (1931–1990). Als ehemaliger Professor für Philosophie kannte er sich in den spirituellen Traditionen der verschiedenen Kulturen ebenso gut aus wie in den philosophischen und therapeutischen Richtungen des Westens. Er entwickelte neue Formen der Meditation wie z. B. die „Dynamische Meditation".

Die „Dynamische" hat 5 Phasen: heftiges, chaotisches Atmen, Ausagieren von emotionalen Spannungen durch wilde Körperbewegungen (je nach Nachbarschaft auch Schreien), dann gleichmäßiges Hüpfen mit nach oben ausgestreckten Armen und dem Ausrufen des Mantras „Hu", nach dem plötzlichen Ruf „Stopp" stilles Verharren in der jeweiligen Körperhaltung und schließlich Tanzen nach harmonischer Musik. Diese recht anstrengende Meditation dauert 1 Stunde. Sie wurde jeweils frühmorgens im Ashram in Poona/Indien, bald aber auch in den Bhagwan-Zentren weltweit angeboten und wird noch heute in vielen therapeutischen Einrichtungen praktiziert, unabhängig von einer bestimmten spirituellen Ausrichtung. Immerhin hatte Bhagwan, der sich in den letzten Jahren seines Lebens mit „Osho" anreden ließ, Spitzentherapeuten aus den USA und England um sich versammelt.

Was hat das nun mit Normopathie zu tun? Zunächst können wir an Fromm und Maaz anknüpfen. Sie sehen beide in der modernen Gesellschaft ein Defizit bezüglich religiöser bzw. spiritueller Orientierung. Fromm bemerkt, dass die Sehnsucht nach tieferen Inhalten als Konsum, Leistung und Wohlstand dazu führt, dass ein Science-Fiction-Autor wie Ron Hubbard (1911–1986) seine Scientology-Kirche gründen kann und mit „kruden Ideen" beachtlichen Zulauf findet. In Deutschland war „Scientology" sehr umstritten. Auftritte des berühmten Jazzpianisten Chick Corea (1941–2021) wurden Mitte der 90er-Jahre auf Druck der Landesregierung Baden-Württemberg abgesagt, woraufhin die Amerikaner auf höchster Ebene Vorwürfe erhoben, dass damit die Religionsfreiheit verletzt worden sei.

Alle neuen spirituellen Gruppierungen wurden von den Massenmedien als Außenseiter lächerlich gemacht oder als gefährlich eingestuft. Dabei halfen die Sektenbeauftragten der Kirchen kräftig mit. Sie gaben sich einen seriös-wissenschaftlichen Anstrich, traten in Talkshows gegen Anhänger von Gurus auf. Bhagwan/Osho und seine Anhänger waren offensichtlich ein „gefundenes Fressen". Der Spiegel schrieb in seinem „Nachruf": „Es war Futter von der pikanten Sorte, Nackerte und Beknackte ließen sich ins Bild rücken, Histörchen über Orgien, Massenwahn, Gehirnwäsche, Prügel-Exerzitien, Rolls-Royce-Pomp und finstere Machenschaften flossen üppig in die Spalten. Denn keiner aus der mafiosen Riege der Gurus und Sektenbosse war ein so begnadeter Entertainer wie der rundum belesene Philosophieprofessor; keiner lockte so pfiffig mit dem Psycho-Passepartout für Lust am Leben und Lieben, und wahrscheinlich hat auch keiner seine Schäfchen so pfiffig über den Kamm geschoren."[79]

79 „Gestorben: Bhagwan Shree Rajneesh" Spiegel, 22.1.1990, *https://www.spiegel.de/spiegel/print/d-13499165.html*

Andere urteilten weniger gehässig. Der Philosoph Peter Sloterdijk (geb. 1947), selbst Ende der 70er-Jahre in Poona zum Neo-Sannyasin initiiert, nannte Bhagwan den „Wittgenstein der Religionen“ und „eine der wichtigsten Figuren des 20. Jahrhunderts“[80].

Osho forderte von Anfang an dazu auf, nicht unkritisch der Masse und den Vorgaben von Religion und Politik zu folgen. Insofern vertrat er eine anti-normopathische Lehre:

„Jeder, der euch ein Glaubenssystem gibt, ist euer Feind, denn das Glaubenssystem wird zu einer Barriere für eure Augen, Ihr könnt die Wahrheit nicht sehen. Selbst der Wunsch, die Wahrheit zu finden, verschwindet. Aber am Anfang ist es bitter, wenn euch alle eure Glaubenssysteme weggenommen werden. Die Furcht und Angst, die ihr seit Jahrtausenden unterdrückt, die da ist, sehr lebendig, wird sofort auftauchen. Kein Gott kann sie zerstören, nur die Suche nach der Wahrheit und die Erfahrung der Wahrheit – nicht ein Glaube – können alle eure Wunden heilen, euch zu kompletten Wesen machen. Und für mich ist der komplette Mensch der heilige Mensch.“[81]

Bewusstheit in allen Handlungen und in jedem Moment war für Osho der Schlüssel für ein authentisches Leben jenseits aller Normopathie. Meditation ist ein Weg, allerdings nicht im Sinne einer Abkehr vom Leben in der Gesellschaft, sondern „mitten auf dem Marktplatz“. „Zorba the Buddha“ – das war eine gängige Kurzformel unter den (Neo-)Sannyasins für eine Lebenspraxis, die die Achtsamkeit des Buddha mit der Lebensfreude des Griechen Alexis Sorbas[82] verbindet. Ab Mitte der 80er-Jahre eröffneten Sannyasins in Deutschland (und weltweit) vegetarische Restaurants und Diskotheken unter diesem Label. Das Konzept ist bis heute erfolgreich und kann als eine von vielen Wirkungen Oshos auf die Gesellschaft gesehen werden.

---

80 Süss, Joachim, Bhagwans Erbe. die Osho-Bewegung heute, Claudius, München 1996, hier zitiert nach: *https://de.wikipedia.org/wiki/Osho* (23.2. 2021).

81 Osho, God is Dead, Now Zen is the Only Living Truth, Kapitel 1; Video auf YouTube: *https://www.youtube.com/watch?v=PBEIeRSLb8k*

82 Bezogen auf den Film „Zorba the Greek“ (dt. „Alexis Sorbas“) nach dem gleichnamigen Roman von Nikos Kazantzakis.

Allerdings entwickelte sich in der Zeit zwischen 1982 und 1985, als unter der Leitung von Sheela Silverman (geb. 1949), Bhagwans persönlicher Sekretärin, im US-Staat Oregon auf einer abgelegenen Ranch die Stadt Rajneeshpuram entstand, innerhalb der Sannyas-Bewegung eine Normopathie ganz eigener Art. Die Bewohner des Dorfes Antelope, in Nachbarschaft zum gekauften großen Ranch-Gelände, waren nicht begeistert von den rot gewandeten „Rajneeshees". Sheela glaubte, die neu gegründete Stadt vor vermeintlicher Bedrohung von außen schützen zu müssen, und rüstete auf. Innerhalb von zwei Jahren hatte Rajneeshpuram eine starke Truppe bewaffneter Polizei. Das Trinkwasser in Antelope wurde von Sheila mit Salmonellen verseucht und dem Gouverneur von Oregon mit einem Anschlag gedroht. Innerhalb der Kommune von Sannyasins, die nun rund um die Uhr arbeiteten, wurden Abhörvorrichtungen eingebaut. Mitglieder der Gemeinschaft, die offen oder versteckt Kritik an Sheela übten, wurden weggeschickt oder unter dem Vorwand, sie seien HIV-positiv, in Quarantäne geschickt oder sogar vergiftet. Als dann 1985 schließlich die US-Regierung mit Haftbefehlen gegen Sheela und ihre Anhänger kam, waren der Schock und die Bestürzung unter den ahnungslosen Bhagwan-Jüngern groß. Bhagwan erklärte, er habe von allem nichts gewusst, und verlangte die Bestrafung der Schuldigen. Er selbst wurde wegen Verletzung der Einwanderungsauflagen angeklagt und in normaler Kleidung und ohne Anhänger 14 Tage durch amerikanische Gefängnisse geschleust und dort angeblich vergiftet. Schließlich, nach einer monatelangen Odyssee im Privatjet rund um die Erde, setzte er seine Vorträge in Mumbay und Poona fort. Die „Ranch" wurde aufgelöst. Der ehemalige „Ashram in Poona" ist nun ein Meditations-, Therapie- und Wellness-Ressort, vermutlich das größte weltweit.

Oshos letzte Worte, die sein Leibarzt an die Sannaysins übermittelte, lauteten: „I leave you my dream." Sein Traum von einem neuen Menschen, der die Höhen und Tiefen des Lebens bewusst auskostet, sich selbst auslotet, andere achtet und nicht ausbeutet, allein und in der Gemeinschaft er selbst und innerlich frei und ausgeglichen sein kann. Eine Gesellschaft, in der solche Werte geachtet und gelebt werden, dürfte weniger von Normopathie bedroht sein, als es unsere heutige ist. Immerhin sind die Medien auch in Deutschland nicht mehr darauf aus, Osho mit Häme und Falschdarstellungen zu überziehen. Die aktuelle Dokumentation „Bhagwan und die Deutschen", in der ehemalige Sannyasins zu Wort kommen und die abends im 1. Programm der ARD zu sehen war, kann als positives Signal gewertet werden.

IV.

Der Mensch zwischen Natur und Technik

Gibt es so etwas wie Normopathie in der Natur – ohne den Menschen? Was könnte das sein? Alle uns bekannten Verhaltensstörungen bei Tieren lassen sich auf den Einfluss des Menschen zurückführen. Im Zoo gehaltene Tiere, vor allem Menschenaffen, zeigen leider recht häufig zoochotische Störungen: Bewegungsstereotypien, Agitiertheiten, Essstörungen, Hyperaggressivität, Selbstmutilation, Angststörungen, Apathie usw. Auch bei Nutztieren wie Schweinen, Pferden oder Kühen und Haustieren wie Hunden und Katzen gibt es so etwas wie abnormales Verhalten und psychosomatische Krankheiten. In Elefantenherden in Südafrika kommt es immer wieder mal zu Hyperaggressivität. Hier und in anderen Fällen abnormalen Verhaltens von Wildtieren ist der Grund ebenfalls der Mensch, der den Lebensraum der Tiere zunehmend einschränkt.

Normopathie ist auf den Menschen beschränkt. Wir können sogar die Natur zum Maßstab für den Grad der Normopathie des Menschen machen. Je natürlicher der Mensch, desto weniger Normopathie. Das ist zwar eine sehr vereinfachte Formel, kann uns aber zunächst als richtungsweisende Hypothese dienen.

Im Laufe seiner Entwicklung hat sich der Mensch zunehmend von der Natur getrennt und sie zu beherrschen und auszubeuten versucht. Heute sind wir an dem kritischen Punkt angelangt, dass die natürlichen Ressourcen schon sehr bald erschöpft sein werden.

1. Homo oeconomicus

Die Wirtschaftswissenschaften orientieren sich noch immer an dem von John Stuart Mill (1806–1873) entwickelten Modell des „Homo oeconomicus", der rational und so effektiv wie möglich ausschließlich zu seinem eigenen Vorteil wirtschaftet. Dieser „Idealtyp" des wirtschaftenden Menschen produziert gewinnmaximierend und konsumiert zu seinem größtmöglichen Nutzen. Wie von selbst, „von unsichtbarer Hand" (Adam Smith), reguliert sich so das Verhältnis von Angebot und Nachfrage.

In diesem prinzipiell egoistischen Ansatz herrschen ständiger Konkurrenzkampf und der Druck, das BIP (Bruttoinlandsprodukt) zu steigern. Werte wie Freude an einer sinnvollen Tätigkeit, Verbundenheit in einer lebendigen Kooperation und Kreativität sind ausgeklammert. Ebenfalls nicht einberechnet ist der Wert von natürlichen Kreisläufen wie das Nachwachsen von Rohstoffen wie Holz oder die Bestäubung der Obstblüten durch die Bienen. Allein diese Dienstleistung der Bestäubung hat immerhin laut „Bundesamt der Natur" einen jährlichen Wert von 150 Milliarden Euro[83], mehr als der jährliche Gewinn von Apple, Google, Facebook und Microsoft zusammen. Doch in den Bilanzen der Ökonomen zählen lediglich die der Natur abgewonnenen, berechenbaren und verkäuflichen Einheiten wie z. B. 500 t Getreide oder Rohöl. So wurde bisher wie selbstverständlich die Natur hemmungslos ausgebeutet – als wären die Ressourcen unbegrenzt.

Die Ökonomin und Nachhaltigkeitsforscherin Maja Göpel (geb. 1976) schreibt in ihrem Spiegel-Bestseller „Unsere Welt neu denken": „In unserem Verhältnis zur Natur zeigt sich die ganze Anmaßung menschlichen Wirtschaftens. Indem der Mensch die

83 Vgl. Bundesamt der Natur, *https://www.bfn.de/themen/natura-2000/eu-und-internationales/schutz-der-bluetenbestaeuber/bestaeubung-als-oekosystemdienstleistung.html*

natürlichen Systeme seinem Bedarf unterwirft, reduziert er ihre Vielfalt, macht sie verletzlicher und braucht einen immer größeren Aufwand, um sie zu stabilisieren. Menschliche Systeme sind nicht nachhaltig und müssen notgedrungen zusammenbrechen, wenn wir nicht lernen, sie umzubauen."[84]

2. Das Anthropozän

Der Klimawandel ist nach Ansicht der meisten Wissenschaftler vor allem durch den immensen Ausstoß von Kohlendioxid (CO_2), d. h. durch den Menschen und seine Industrie verursacht. In 200 Jahren hat sich unser Planet durch die Einwirkung des Menschen stärker verändert als in allen Erdepochen von Jahrmillionen zuvor. Dafür wurde der Begriff „Anthropozän" geprägt, worauf der Mensch sich nichts einbilden kann. Die „Epoche des Menschen" ist verbunden mit für die Natur durchweg negativen Veränderungen: An die Stelle der Regenwälder treten Weideflächen für Rinder und Monokulturen, riesige Felder von Soja oder Palmöl. Im Minutentakt verschwinden ganze Arten in der Tier- und Pflanzenwelt. Pestizide und Düngemittel verseuchen die Böden und das Grundwasser, töten alle Insekten, inklusive der Bienen, zerstören damit die Nahrungskette, was wiederum zum Verschwinden vieler Vogelarten führt. Die Meere sind bereits überfischt und ersticken zudem unter einer gigantischen Masse von Plastikmüll. Durch die Erwärmung des Meeres um nur wenige Grad sterben die Korallen. Riffe wie das Great Barrier Reef vor der australischen Nordost-Küste sind bereits zu 40 % unwiederbringlich verloren. Die Liste der Naturzerstörungen durch den Menschen lässt sich fast endlos weiterführen. Sie ist auch nicht geheim. In jedem Naturfilm wird auf den erschreckenden Verlust der Artenvielfalt warnend hingewiesen.

84 Göpel, Maja, Unsere Welt neu denken. Eine Einladung, Ullstein Verlag, Berlin, 15. Auflage 2021, S. 53 f.

3. Pathologie des Alltags reloaded

Was Fromm bereits in seiner Analyse der modernen Gesellschaft in den 50er-Jahren als „Pathologie der Normalität" beschrieb, ist heute noch extremer und vor allem in seinen Konsequenzen verheerender: Maßloser Konsum und die Ideologie des unbegrenzten wirtschaftlichen Wachstums führen zur Zerstörung der Lebensgrundlage aller Bewohner der Erde. Gewinnbringende Effektivität wird zum einzigen Kriterium, und zwar nicht nur in Firmen und Betrieben, sondern auch in Krankenhäusern, Pflege- und Altenheimen und weiteren sozialen Einrichtungen. Die Bildungssysteme setzen verstärkt auf Höchstleistung. Vom Kleinkindalter an zielt die Erziehung darauf ab, dass der Heranwachsende Bestnoten erzielt, um später eine Spitzenposition in der Gesellschaft einzunehmen: als Manager, Arzt, Jurist, Politiker oder Wissenschaftler. Selbst Künstlerkarrieren laufen über eine ständige Bewertung von außen und in einem nicht enden wollenden Konkurrenzkampf. Erschreckend viele Jugendliche definieren ihr Selbstwertgefühl über Beurteilungen in den sozialen Netzwerken. Statt menschlicher Würde und Einzigartigkeit zählt noch stärker als vor 30, 50 oder 70 Jahren der Marktwert und was man/frau an Aufmerksamkeit erhält. Zum Beispiel als Influencer im Internet.

Doch auch die Suche nach Aufmerksamkeit und die Geltungssucht sind in der Regel geknüpft an die Frage, wie man die Bekanntheit zu Geld machen kann. Mittlerweile sehen wir überall – in der Natur, in anderen Menschen, ja in uns selbst – fast unwillkürlich oder unterbewusst den Geldwert. Ist das normal? Scheinbar ja. Aber entspricht das auch der Natur des Menschen? Ist es natürlich und menschlich?

4. Die Sicht der Ureinwohner

Schauen wir uns die über 500-jährige Geschichte der Eroberung und Kolonialisierung von Amerika, Afrika, Südostasien und Australien an, dann können wir ein Grundmuster bei den europäischen

Invasoren feststellen: Gier. Diese Gier, meist in Verbindung mit Rücksichtslosigkeit, Gewalt und Herrschsucht, bezieht sich auf materiellen Gewinn: Gold, Silber, Kupfer, Landbesitz, Gewürze, Tierfelle, Sklaven. Die Unterworfenen waren angesichts des „unnatürlichen" Gebarens der Eindringlinge fassungslos.

Bekanntlich wurden die Weißen zunächst oft als Götter gesehen, wegen ihrer fremden Erscheinung und ihrer Schusswaffen. Dann wandelte sich bald das Bild und ihre maßlose Gier und rücksichtslose Ausbeutung der Natur galten als wahnsinnig, krank. Für die Inka hatte das Gold – vor allem in Form von Ritualgegenständen – einen rein spirituellen Wert. Die Spanier ließen die meisten Opfergeräte einschmelzen – was für die Inka ein Sakrileg bedeutete – und konnten nicht genug davon kriegen.

Die Ureinwohner Nordamerikas konnten nicht begreifen, dass der weiße Mann das Land und die Natur zu seinem Besitz erklärt und sie als Ware betrachtet, ebenso die Tiere und ihre Felle, die Bäume und die Flüsse. Das alles sollte ein Objekt sein, das man mit einigen stinkenden Geldscheinen erwerben kann? Völlig verrückt! Der weiße Mann leidet an einer unheimlichen Krankheit!

Bis heute haben sich die „First Nation People" in Nordamerika nicht an den Lebensstil der modernen Gesellschaft anpassen können. In den Chefetagen der Firmen sucht man vergebens Navajo oder Sioux, obwohl die Indianer längst nicht alle in Reservaten verkümmern, sondern durchaus als Juristen, Ärzte oder IT-Experten arbeiten. Dennoch: Die Minderheiten der ehemaligen Stammeskulturen weltweit würden die westliche Zivilgesellschaft als hochgradig normopathisch einstufen, und zwar vor allem wegen ihrer Entfremdung von der Natur, von Mutter Erde.

Luther Standing Bear (1868–1939), ein Häuptling der Lakota, Philosoph, Erzieher und Autor, schrieb: „Die alten Dakota-Indianer waren weise. Sie wussten, dass das Herz eines Menschen, der sich der Natur entfremdet, hart wird. Sie wussten, dass mangelnde Ehrfurcht vor allem Lebendigen und allem, was in der Natur wächst, bald auch die Ehrfurcht vor dem Menschen absterben lässt. Deshalb war der Einfluss der Natur, die den jungen Menschen feinfühlig machte, ein wichtiger Bestandteil ihrer Erziehung."[85]

5. Mögliche Einsicht

Doch wissen wir nicht im Grunde ganz gut, was bei uns schiefläuft? Kein Mensch kommt geldgierig zur Welt. Der Homo oeconomicus ist nur ein Konstrukt der Wirtschaftswissenschaftler. Es beherrscht zwar leider immer noch die Entscheidungen von Unternehmern und Politikern, aber wir können das durchschauen, auch in unserem eigenen Denken.

Ein bekanntes Experiment hat gezeigt, dass wir nicht immer so selbstsüchtig denken und handeln, wie uns die Ökonomen unterstellen. In dem von dem Ökonomen Werner Güth (geb. 1944) Ende der 70er-Jahre konzipierten „Ultimatumspiel" geht es um die Aufteilung einer bestimmten Geldsumme, sagen wir 100 Euro, unter zwei Personen. Einer macht dem anderen ein einmaliges Angebot, wie viel er ihm von den 100 Euro abgeben will. Ist der andere einverstanden, dürfen beide das Geld behalten. Lehnt er/sie ab, gehen beide leer aus. Ginge es nur um den bloßen Nutzen, müssten bereits 5 % genug für den Deal sein – immerhin besser als gar nichts. Doch es stellte sich nach vielen Versuchen ein durchschnittlicher Wert von etwa 30 % heraus. Ein Angebot darunter wurde meist als unfair abgelehnt. Also hat der Gerechtigkeitssinn über das bloße Nutzdenken, sprich die Geldgier gesiegt.

Gerechtigkeit ist eine der Tugenden, die es wieder zu entdecken gilt, wenn wir die beschränkte, uns und andere krank machende Sichtweise, dass Geld alles ist, überwinden wollen. Unsere Gesellschaft lebt auf Kosten anderer. Die Industrienationen haben bereits reichlich die Rohstoffe der Erde ausgebeutet und maßen sich weiterhin an, die Natur samt Atmosphäre zu zerstören. Die verheerenden Folgen des Klimawandels haben vor allem die Menschen zu erleiden, die in den armen Ländern der Dritten Welt leben, wo

85 *https://mymonk.de/indianer-weisheiten/* (10.3.2021).

Hungersnöte, Wassermangel, Dürren und Überschwemmungen an der Tagesordnung sind.[86]

Jeder kann sehen, wie unfair das ist. Wenn ich das wirklich erkenne und empfinde, werde ich mein Konsumverhalten womöglich darauf ausrichten und vielleicht auf etwas verzichten, was nur deshalb günstig zu haben ist, weil die Natur und ärmere Menschen ausgenutzt werden.

Bewusst auf etwas verzichten, sich selbst beschränken – das ist eine weitere Tugend, die sich aus dem Gerechtigkeitssinn ergibt. Tatsächlich leben wir ja hierzulande immer noch im Überfluss. In Verbindung mit dem Modell des Homo oeconomicus ging man davon aus, dass das Glück der Menschen mit dem Bruttoinlandsprodukt ständig wachse. Der Wirtschaftswissenschaftler Richard Easterlin (geb. 1926) fand jedoch bereits Mitte der 70er-Jahre heraus, dass die Gleichung so nicht stimmt. Umfragen ergaben, dass die Zufriedenheit ab einer bestimmten Einkommenshöhe nicht weiter ansteigt. Geld im Überfluss macht nicht glücklicher.

Es gibt ein Land, das in diesem Zusammenhang fast zu einer Art Vorbild geworden ist: Bhutan. Das kleine Land im Himalaja ist geprägt vom Mahayana-Buddhismus und nach westlichen Maßstäben sehr arm, dafür aber führend in Sachen nachhaltiger und umweltbewusster Wirtschaft und Lebensweise. Hier gilt als Maßstab für das Funktionieren des Gemeinwesens nicht das Bruttosozialprodukt, sondern das Glück der Menschen. Die Regierung misst das „Bruttoglücksprodukt" des Landes. Dazu gehören Gesundheit, Lebensstandard, das Wissen um Legenden und Mythen, der Bildungsstand und das Leben im Einklang mit der Natur.[87]

Weitere Werte und Tugenden, die als Korrektiv zum normopathischen Egoismus infrage kommen, sind Mitgefühl bzw. Nächsten-

86 Vgl. Rainer Mausfeld, Warum schweigen die Lämmer, a. a. O., S. 13: „Jean Ziegler, von 2000 bis 2008 UN-Sonderberichterstatter für das Recht auf Nahrung, schätzt die Zahl der durch unsere Wirtschaftsordnung getöteten Menschen auf mehr als 50 Millionen, und dies pro Jahr – keine andere Gesellschaftsordnung in der langen Zivilisationsgeschichte tut es darin der neoliberalen Wirtschaftsordnung gleich."

87 Vgl. auch Lisa Napoli, Radio Shangri-La, Was ich in Bhutan, dem glücklichsten Königreich der Welt, lernte, J. Kamphausen, Bielefeld 2012.

liebe (in der christlichen Tradition verankert) und Achtsamkeit im Umgang mit sich selbst, den anderen und der Umwelt. Authentisch und aufrichtig sein, Verantwortung übernehmen (wollen), Dankbarkeit dem Leben gegenüber zeigen. Auch diese Liste lässt sich recht lange erweitern, und wir wissen ganz gut, was die Begriffe bedeuten.

6. Modelle für ein alternatives Leben

Der Mainstream des Immer-mehr-Produzierens und Haben-Wollens gefährdet nicht nur unsere Gesundheit, sondern auch und vor allem das Überleben der gesamten Spezies auf diesem Planeten. Dass die seit Jahrzehnten bekannten Daten und Aktionen von Umweltaktivisten nicht zu einem radikalen Umdenken geführt haben, bezeichnen wir als hochgradig normopathisch. Gleichzeitig haben sich kleinere Lebensgemeinschaften und Initiativen gebildet, die mögliche Wege aus mehreren globalen Krisen aufzeigen: Alternative lokale Währungen wie der „Chiemgauer" durchbrechen das krisenanfällige und unsoziale, auf Zins und Zinseszins basierende Finanzsystem.[88] Eine Tausch-, Share- und Geschenkkultur ermöglicht sinnvoll eingegrenzten Konsum und verbindet die Menschen.[89] Kleine Gemeinschaften von 20–200 Mitgliedern wirtschaften möglichst autark und ökologisch, alternativ zur Globalisierung. Ökologischer Landbau ist bereits aus dem Pionierstadium herausgetreten und bildet zunehmend ein Gegengewicht zur umweltzerstörenden Agrarindustrie. Protestbewegungen wie „Fridays for Future" dringen über die Medien ins Bewusstsein der Öffentlichkeit.

„Share Economy" bedeutet laut Harvard-Ökonom Martin Weitzman (1942–2019), dass sich der Wohlstand für alle erhöht, je mehr unter allen Marktteilnehmern geteilt wird. Doch mehr noch: Durch den enorm wachsenden Informationsstrom im Internet mit

88 Vgl. Margrit Kennedy, Occupy Money: Damit wir zukünftig ALLE die Gewinner sind, Kamphausen, Bielefeld 2011.
89 Vgl. Charles Eisenstein, Die Ökonomie der Verbundenheit, Scorpio, München 2013.

den entsprechenden globalen Vernetzungen werden auch Wissen und Fähigkeiten mitgeteilt und vermehrt. Das fördert ein besseres Verständnis untereinander und eine sinnvolle, effektive Nutzung der Ressourcen, was sich wiederum positiv auf die Natur und Umwelt auswirkt.

7. Geschenkkultur

„Gemeinschaft ist aus Geschenken gewoben."
(Charles Eisenstein)

Einer der Vordenker der Occupy-Bewegung, die sich vor einigen Jahren so vehement gegen die Machenschaften der Wall-Street-Banker auflehnte, ist der Philosoph und Autor Charles Eisenstein (geb. 1967). In einem Interview erklärte er das „Time-Banking", die „Geschenk-Kultur" und die Bedeutung für die Gemeinschaft: „Time-Banking ist eine einfache Möglichkeit zum geldlosen Austausch von Geschenken und Interessen auf regionaler Ebene. In der Regel bieten die Leute ihren Service und ihre Wünsche elektronisch im Netz an. Wenn jemand einem anderen hilft, sind auf seinem Konto zum Beispiel zwei Stunden gutgeschrieben und auf dem des Geholfenen stehen zwei Stunden Schulden. Die gutgeschriebenen zwei Stunden können dann bei einer anderen Dienstleistung ‚ausgegeben' werden. Damit wird die Gemeinschaft wieder aufgebaut und gefördert, und zwar an gerade den Stellen, wo die Verbundenheit verschwunden ist. Statt einen Babysitter, einen Taxifahrer oder jemanden zum Rasenmähen zu bezahlen, können sich die Menschen gegenseitig helfen. Wenn sie sich dann schließlich kennen und einander vertrauen lernen, vergessen sie womöglich das gegenseitige Aufrechnen von Stunden. In einer erfahrenen Geschenk-Ökonomie muss niemand darüber Buch führen. Jeder weiß genau, wer großzügig war und wer nicht. Die alten Stammeskulturen waren Geschenk-Ökonomien. Der von heutigen Ökonomen so gern beschworene

Tauschhändler spielte dabei gar nicht so eine wichtige Rolle. Heute sind Geschenkbeziehungen durch Geldbeziehungen ersetzt worden. Zum Beispiel: Als ich klein war, achteten die Nachbarn gegenseitig auf die Kinder nach der Schule und niemand musste für diesen Service namens Kindertagesbetreuung (day care) bezahlen. Wir Kinder spielten draußen und wurden nicht – wie heute – für Geld mit Videospielen betreut.

Noch vor wenigen Jahrhunderten bezahlten die Menschen nicht für Musik, sondern sangen und musizierten stattdessen gemeinsam. Sie bezahlten auch nicht für Arzneien. In jedem Dorf gab es wenigstens eine Großmutter, die mit Kräutern kurierte. Und beim Häuserbauen half man sich auch gegenseitig. Heute sind all diese gegenseitigen Hilfen in bezahlte Dienste übergegangen. Die Menschen vertrauen nicht mehr auf Geschenke ihrer Mitmenschen und deswegen gibt es auch keine Gemeinschaft. Gemeinschaft ist aus Geschenken gewoben. Wenn ich dich nicht brauche und du mich auch nicht, ist unsere Verbindung wohl eher oberflächlich.

Wir befinden uns heute im Übergang zu einer Epoche des Gebens und des Geschenkes. Wir sind hier, um zu geben. Vielleicht hast du in deinem Beruf und bei deiner Arbeit – falls deine Geschenke nicht gewürdigt werden – schon mal das Gefühl gehabt, dass du dein Leben nicht wirklich lebst. ‚Ich wurde nicht auf die Erde geschickt, nur um das hier zu tun!' Dieses Gefühl ist wahr. In ungewissen Zeiten, wenn alles, was früher sicher war, zweifelhaft erscheint, können wir uns nicht länger auf unsere alten Ideen und Strategien verlassen. Stattdessen sollten wir unserem Wunsch zu geben vertrauen und unsere Entscheidungen ausrichten an der Frage: 'Was möchte ich aus dem Herzen heraus geben?' Viele Menschen erleben jetzt, wie sich für sie im Rahmen einer solchen Haltung ganz neue Möglichkeiten eröffnen."[90]

90 Christian Salvesen, Wir sind hier, um zu geben, Magazin Raum&Zeit, 2012, *https://www.raum-und-zeit.com/raum-und-zeit/weitere-publikationen/magazin-2012/wir-sind-hier-um-zu-geben.html*

8. Zurück zur Einfachheit

In den vergangenen Jahren gab es einige Beststeller, die eine Vereinfachung unseres alltäglichen Lebens vorschlugen. Fast jeder von uns stöhnt immer wieder mal über zu viel Hektik, Lärm, Reizüberflutung oder auch Unordnung, Unübersichtlichkeit, Unklarheit. Es kann nicht schaden, sich etwas mehr Übersicht und Klarheit zu verschaffen, sich gelegentlich etwas zurückzuziehen und auf das Wesentliche zu besinnen, möglicherweise den Terminplan auszudünnen, zu entschleunigen, mal wieder im Wald spazieren zu gehen – ohne Handy. „Zurück zur Einfachheit" bezieht sich also darauf, wie ich mein Leben führe – was z. B. eine konsumkritische Haltung einschließen kann.

Der Wunsch nach einem „einfachen Leben" artikulierte sich schon in der griechischen Antike, etwa bei den Kynikern. Deren Ideal vom Glücklichsein lebte der berühmte Diogenes von Sinope (um 413 v. Chr.–323 v. Chr.) in seiner Weintonne vor. In allen spirituellen Traditionen und Religionen gibt es die Grundidee, dass wir unsere Unzufriedenheit durch Enthaltsamkeit und Zügelung der Begierden überwinden können. Einfachheit hat hier die Bedeutung von Genügsamkeit und Bescheidenheit bis hin zur Askese. In unserer modernen Gesellschaft ist das „einfache Klosterleben" eher auf Zeit interessant – etwa im Rahmen eines Kontemplationskurses für gestresste Manager. Die selbst verordnete Enthaltsamkeit beim Konsumieren heißt heute „Downshifting".

Worauf es dabei im Grunde ankommt, mag eine Zen-Geschichte verdeutlichen: Ein Professor wanderte weit hinauf in die Berge, um einen bekannten Zen-Mönch aufzusuchen. Als der Professor bei ihm eintraf, stellte er sich höflich vor, nannte seine akademischen Titel und bat den Mönch um Unterweisung. „Möchten Sie Tee?", fragte der Mönch. „Ja, gern", sagte der Professor. Der alte Mönch schenkte Tee ein. Als die Tasse voll war, goss der Mönch weiter ein, bis der Tee überfloss und sich als Lache auf dem Tisch ausbreitete und auf den Boden tropfte. „Genug!", rief der Professor.

„Sehen Sie nicht, dass die Tasse schon voll ist? Es passt nicht mehr in sie hinein!" Der Mönch antwortete: „Genau so voll wie diese Tasse sind auch Sie mit Wissen und Vorurteilen angefüllt. Um Neues zu lernen, müssen Sie Ihre Tasse erst einmal leeren."[91]

Und wie sagte doch schon Goethe? „Alles ist einfacher, als man denken kann, zugleich verschränkter, als zu begreifen ist."[92]

9. Transhumanismus

Fromm setzte als Gegenmittel zur Entfremdung in der modernen Gesellschaft auf Humanismus, Menschlichkeit. Nur kurz zur Erinnerung: In der Renaissance wurde der Mensch zum Maß aller Dinge erhoben. Seine Individualität, Würde und Freiheit galten erstmals wieder seit der Antike als anzustrebende und aufrechtzuerhaltende Werte. Bis heute halten wir im abendländischen Kulturraum offiziell an den Idealen des Humanismus fest.

Nun macht seit einiger Zeit ein Begriff von sich reden, der auf eine völlig neue Dimension hinzuweisen scheint, noch über die Menschlichkeit und den Menschen hinaus: „Transhumanismus". Sollte hier der Schlüssel zur Überwindung jeglicher Normopathie liegen?

Bisher haben wir (in diesem Buch) einen Bereich kaum berührt, der unsere Welt in den vergangenen 30 Jahren radikal verwandelt hat, nämlich die Digitalisierung. Fast jeder hat heute sein Smartphone dabei, das millionenfach leistungsfähiger ist als der Bordcomputer der Mondlandungsrakete Apollo 11. Wir kommunizieren, denken, fühlen, sprechen, handeln, arbeiten und leben anders als vor 30 Jahren. Ob besser oder schlechter, sei vorerst mal dahingestellt. Die Transhumanisten bilden keine einheitliche Bewegung, doch ihre einflussreichsten Vertreter halten die mit der Digitalisierung verbun-

91 *http://de.spiritualwiki.org* (8.3.2021).
92 Johann Wolfgang von Goethe, Maximen und Reflexionen. Über Natur und Wissenschaft, § 649, *http://www.zeno.org/Literatur/M/Goethe,+Johann+Wolfgang/Aphorismen+und+Aufzeichnungen/Maximen+und+Reflexionen/Aus+dem+Nachla%C3%9F/%C3%9Cber+Natur+und+Naturwissenschaft,* (24.5.2021).

denen technischen Möglichkeiten für den größten Sprung in der Evolution des Menschen. Kritiker wie der amerikanische Politikwissenschaftler Francis Fukuyama (geb. 1952) bezeichnen dagegen den Transhumanismus als die gefährlichste Ideologie der Welt.

10. Die technologische Singularität

Raymond Kurzweil (geb. 1948), einer der Vordenker des Transhumanismus, amerikanischer Bestsellerautor, Erfinder und Leiter der technischen Entwicklung bei Google, schreibt: „Die Singularität ist eine Zukunft, in der das Tempo des technologischen Wandels so schnell und weitreichend voranschreitet, dass die menschliche Existenz auf diesem Planeten irreversibel verändert wird. Wir werden die Macht unserer Gehirne, all die Kenntnisse, Fähigkeiten und persönlichen Macken, die uns zu Menschen machen, mit unserer Computer-Macht kombinieren, um auf eine Art zu denken, zu kommunizieren und zu erschaffen, wie wir uns heute noch nicht vorstellen können.

Diese Verschmelzung von Mensch und Maschine mit der plötzlichen Explosion der Maschinen-Intelligenz wird, im Verbund mit rasend schneller Innovation in den Bereichen der Gen-Forschung sowie der Nanotechnologie, zu einer Welt führen, wo es keine Unterscheidung mehr zwischen dem biologischen und dem mechanischen Leben oder zwischen physischer und virtueller Realität gibt. Diese technologischen Revolutionen werden es uns ermöglichen, unsere gebrechlichen Körper mit all ihren Einschränkungen zu überwinden. Krankheit, wie wir sie kennen, wird ausgerottet. Die menschliche Existenz wird einen Quantensprung in der Evolution durchlaufen. Wir werden in der Lage sein, zu leben, solange wir wollen.“[93]

---

93 Kurzweil, Ray, Reinventing Humanity, The Future of Machine–Human Intelligence, in: The Futurist March-April 2006, S. 39. http://singularity.com/KurzweilFuturist.pdf, (zitiert nach David Rotter, Transhumanismus – die größte Gefahr für die Menschheit? *https://www.sein.de/transhumanismus-die-groesste-gefahr-fuer-die-menschheit/* (10.3.2021).

Hört sich das nicht fantastisch an? Und das sind nicht nur die Hirngespinste von Science-Fiction-Autoren, wenn auch einige von ihnen wie der 1944 geborene Australier Damien Broderick („Das Judas-Mandala“) die Vorstellungen der Transhumanisten seit den 80er-Jahren mitgestaltet haben. Nein, wir leben ja bereits im Zeitalter der künstlichen Intelligenz (KI, englisch AI für „artificial intelligence“). Sie entscheidet über Algorithmen, welche Inhalte – News, Produkte – uns in den sozialen Medien angezeigt werden. Sie spricht zu uns (wie „Helena“) mit weicher, melodischer Stimme, erteilt Auskünfte und Ratschläge. Roboter übernehmen Arbeiten im Haushalt, dirigieren komplexe Produktionsprozesse, erkunden in Form winziger Mikrochips im menschlichen Körper den Zustand unserer Zellen. Die Verschmelzung von Mensch und Maschine ist seit vielen Jahren Tatsache – angefangen beim künstlichen Unterbein des Weltrekordläufers Oscar Pistorius (geb. 1986) bis hin zu Fingerprothesen, die, Gehirnimpulsen gehorchend, feinste Bewegungen ausführen.

Was hat Transhumanismus mit Normopathie zu tun? Sind hier manipulative Kräfte am Werk, die die Gesellschaft zersetzen und den Menschen selbst, wie wir ihn kennen und wie ihn der Humanismus schützen möchte, als überholt betrachtet und auf dem Müllhaufen der Evolution entsorgen will? Sollten die künstliche Intelligenz und die damit verbundenen neuen Technologien so gefährlich sein? Sind es nicht unterstützenswerte Ziele, die Kurzweil und seine Gesinnungsfreunde im Silicon Valley propagieren? Ein langes, womöglich ewiges Leben im Überfluss, in kraftstrotzender Gesundheit, voller Kreativität, mit einem schier unerschöpflichen Potenzial? Endlich gehen uralte Menschheitsträume in Erfüllung!

11. Dafür oder dagegen?

Das Für und Wider scheint fast ebenso wenig wägbar zu sein, wie die rasend schnelle Entwicklung der digitalen Technologien voraussagbar ist. Gehen wir zunächst von dem aus, was uns bekannt ist. Seit vorgeschichtlichen Zeiten verwendet der Mensch Werkzeuge.

Selbst Tiere wie Schimpansen oder Krähen tun das. Es ist Ausdruck und Funktion einer natürlichen Intelligenz. Einige Transhumanisten argumentieren, dass der heutige und zukünftige Einsatz digitaler Technologien, inklusive künstlicher Intelligenz, eine konsequente Weiterentwicklung dieser Fähigkeit sei. Lässt sich nicht sogar die gesamte bisherige Geschichte des Menschen als eine ständige Innovation von Hilfsmitteln – also Technik – begreifen? Medizinische Instrumente, Brillen, Hörgeräte, Maschinen in der Landwirtschaft, beim Hausbau, Apparate aller Art zur Verbesserung des täglichen Lebens, der Kommunikation, des Lebens auf der Erde.

Wer wollte ernsthaft behaupten, dass technische Entwicklung für sich genommen schädlich für den Menschen und die Gesellschaft sei? Kommt es nicht vor allem auf die Art und Weise an, wie sie eingesetzt wird?

Der Film „2001 – Odyssee im Weltraum“ von Stanley Kubrick (1928–1999) beginnt mit einer enorm aussagestarken Szene: Eine Horde Frühmenschen entdeckt einen großen Knochen und untersucht ihn neugierig. Der Anführer wiegt ihn in der Hand und erschlägt damit einen Artgenossen. Der Knochen wird unter Triumphgeheul hoch in die Luft geschleudert und verwandelt sich in ein gigantisches Raumschiff mit einer ähnlichen Knochenform. Dazu erklingt der bombastische Anfang der sinfonischen Dichtung „Also sprach Zarathustra“ von Richard Strauss (1864–1949) und der geheimnisvolle vielstimmige Gesang „Lux Aeterna“ von György Ligeti (1923–2006). Ein matt glänzender, glatt geschliffener, im Weltall schwebender Monolith deutet auf eine noch unbekannte Super-Intelligenz, die womöglich die Entwicklung der Menschheit vorantreibt.

Kann nicht jedes Werkzeug, jede Technik zum Wohl wie auch zum Schaden des Menschen, der Gesellschaft und der Natur eingesetzt werden? Wenn in diesem Zusammenhang von Normopathie die Rede sein soll, dann doch wohl in Bezug auf die Intention: Wollen wir zerstören oder heilen?

12. Mensch und Technik

Doch ganz so einfach scheint die Sache nicht zu sein. Zumindest haben einige Philosophen des 20. Jahrhunderts Bedenken geäußert, was das grundsätzliche Verhältnis des Menschen zur Technik angeht. Einer von ihnen, Martin Heidegger (1889–1976), sieht die Gefahr, dass der Mensch sich von der Technik selbst zum Instrument machen lässt. Indem er die Natur immer nur unter dem Aspekt der Nutzbarkeit begreift, entgeht ihm das Wesen des Seins. Im Unterschied zum Seienden, den Objekten, die im Alltag als vorhandenes Zeug oder in der Wissenschaft als messbare Forschungsgegenstände dienen, ist das Sein, die Quelle von allem, unergründlich und zugleich offensichtlich, jenseits von Zweck und Nutzen. Heidegger bezieht sich auf den Begriff der „aletheia", der „Unverborgenheit", der in der Philosophie der Vorsokratiker eine Schlüsselrolle spielt. Wenn der Mensch nicht mehr gewillt oder fähig ist, sich auf das Sein selbst einzulassen, entgeht ihm die Wahrheit, was zum Verlust seiner selbst führt. Hier begegnet uns im anderen Kontext wieder das von Fromm angesprochene Phänomen der Entfremdung.

Auch wenn Heidegger sich als Metaphysiker verstand, der das Wesen von Mensch, Natur und Technik ergründen wollte, warnte er doch ganz konkret vor den Gefahren der Atomkraft – er stand im kritischen Austausch mit dem Physiker Werner Heisenberg (1901–1976) – und der genetischen Manipulation in der Biophysik. Er äußerte sich besorgt darüber, „dass wir in absehbarer Zeit imstande sind, den Menschen so zu machen, d. h. rein seinem organischen Wesen nach so zu konstruieren, wie man ihn braucht".[94]

So ist es durchaus zu hinterfragen, ob zwischen einem Knochen oder Messer als Werkzeug bzw. Waffe und der heutigen Technologie – etwa in Gestalt der Atomenergie oder einer sich selbst optimierenden künstlichen Intelligenz – wirklich nur ein gradueller Unterschied besteht. Je wirksamer und mächtiger das Instrument ist, desto stärker ist womöglich die Versuchung, es zum Selbstzweck zu machen.

---

94 Quelle: *https://geistreich78.info/mixed/martin-heidegger-und-seine-ansichten-zur-technik*

Die Vordenker des Transhumanismus sind davon überzeugt, dass sie die Entwicklung bereits in die bestmögliche Richtung gelenkt haben – einige behaupten sogar, unumkehrbar. Der Mensch ist ein sehr zerbrechliches Wesen, voller Unzulänglichkeiten. Er kann verbessert werden – durch genetische Eingriffe bzw. Eugenik, Gehirnoperationen, andere Methoden der Erziehung und Konditionierung, Anti-Aging-Medizin und Kryonik[95]. Und er kann durch die Verschmelzung mit künstlicher Intelligenz völlig verwandelt, ja „überwunden" werden. Künstliche Intelligenz kann sich als „artificial general intelligence" (agi) selbstständig weiterentwickeln und schließlich Entscheidungen treffen und ein Potenzial entfalten, das seine Schöpfer nicht einmal ahnen konnten. Vielleicht werden ja auf diese Weise auch weitere Grundübel des Menschen überwunden: Gier, Hass, Egoismus, Größenwahn und Minderwertigkeitsgefühle, Starrsinn, Grausamkeit, Neid usw. Dann könnte die Welt traumhaft schön sein – allerdings ohne Menschen: eben posthuman.

In der aufschlussreichen Dokumentation „iHuman" von Tonje Hessen Schei (geb. 1971) auf „arte" sagt gleich am Anfang ein Kommentator: „Eine Handvoll Menschen, die in einer Handvoll Technik-Firmen arbeiten, lenken heute das Denken von Milliarden von Menschen." Und weiter heißt es: „Amazon, Google und Facebook sind heute reicher als jede andere Firma in der Geschichte der Menschheit."[96]

Lässt das aufhorchen? Nachfragen? Tauchen da Assoziationen von „Big Brother" und „Schöne neue Welt" auf? Normopathie kommt vor allem dort ins Spiel, wo es um die Beeinflussung unseres Denkens, Fühlens und Handelns bzw. Konsumierens geht. Zunächst werden so viele Daten wie möglich gebraucht, um genaue und aktuelle Profile von konsumierenden Kunden zu erstellen. Das geschieht u. a. bei der Nutzung von Facebook oder

95 Unter „Kryokonservierung" versteht man ein Verfahren, mit dem Organismen oder einzelne Organe wie z. B. das Gehirn durch Einfrieren haltbar gemacht werden, um diese in der Zukunft „wiederbeleben" zu können.

96 Vgl. Tonje Hessen Schei, „iHUMAN", arte, *https://www.arte.tv/de/videos/081590-000-A/ihuman/* (10.3.2021). .

Suchmaschinen wie Google. Jedes Öffnen einer Internetseite liefert mittlerweile dem Anbieter Daten über den Nutzer. Big Brother lässt grüßen, oder?

Max Tegmark (geb. 1967), Professor für Physik am „Massachusetts Institute of Technology" (MIT) Direktor des „Fundamental Questions in Physics Institute (FQXi) und Mitbegründer des „Future of Life Institute" meint, dass KI das Beste oder Schlimmste ist, was der Menschheit passieren kann. Man könne alle Probleme von heute und morgen lösen, auch die des Klimawandels. Oder aber eine globale Diktatur mit einer nie da gewesenen Überwachung, Ungleichheit und unsäglichem Leid erschaffen. „Deshalb ist dies die wichtigste Diskussion unserer Zeit."[97]

Der Transhumanismus ist im angelsächsischen Sprachraum bekannter als hierzulande. In Deutschland wird dieser „Glaube" – als solchen verstand ihn sein Namensgeber, der Eugeniker Julian Huxley (1887–1975)[98] – bisher in den Medien kaum diskutiert. Die relativ kleine „Deutsche Gesellschaft für Transhumanismus" (De:Trans) präsentiert sich im Internet auf der Seite *http://www.transhumanismus.demokratietheorie.de*, die 2015 gegründete „Transhumane Partei Deutschland" (TPD) auf *https://transhumane-partei.de/*.

12. Woran wollen wir uns orientieren?

Die von den großen Tech-Unternehmen und ihren transhumanistisch denkenden Chefs eingeleitete Entwicklung ist auf dem Vormarsch. Wer oder was könnte diese Umwandlung unserer Gesellschaft aufhalten – und warum? Es geht zunächst darum, uns über die Grundausrichtung und die Konsequenzen für unser

97 Max Tegmark, in: Tonje Hessen Schei, „iHUMAN", a. a. O.

98 Julian Huxley, New Bottles for New Wine: „Die menschliche Spezies kann, wenn sie es möchte, über sich selbst hinauswachsen – nicht nur sporadisch, ein Einzelner mal so, ein anderer mal so, sondern als Ganzes, als Menschheit. Wir brauchen einen Namen für diesen neuen Glauben. Vielleicht passt Transhumanismus ganz gut: Mensch, der Mensch bleibt, aber sich selbst, durch Verwirklichung neuer Möglichkeiten von seiner und für seine menschliche Natur, überwindet.", Hier zitiert nach: *https://de.wikipedia.org/wiki/Transhumanismus* (März 2021).

eigenes, alltägliches Leben klar zu werden. Noch sind wir keine Maschinenwesen.

Zu bedenken wäre, dass diese Idee eines „Homo Deus" – wie der israelische Historiker Yuval Harari (geboren 1976) die transhumanistische Ausrichtung in seinem gleichnamigen Buch benennt – allein auf Wissenschaft, Materialismus und endlosen Konsum baut. Weder die Natur[99] noch der Glaube an einen immateriellen, spirituellen Kern des Menschen spielen eine Rolle. Grundwerte wie Mitgefühl, Freiheit und Hingabe scheinen überflüssig und überholt. Denn sie beziehen sich auf den Menschen als verletzliches, sterbliches Wesen, das gerade in seiner Nicht-Vollkommenheit und Sterblichkeit seine ganz eigene Würde erweist.

Wie schon Fromm, Mausfeld und Maaz bemerkten, ist die Wissenschaft nicht so neutral und objektiv, wie sie zu sein vorgibt. Keineswegs werden neue Erkenntnisse, die vorangegangenen und vorherrschenden Auffassungen widersprechen, in ihrer Relevanz wahrgenommen und für die wissenschaftliche Diskussion zugelassen. In vielen wirtschaftlich wichtigen Bereichen kommen die Forschungsgelder von großen Unternehmen, die ganz bestimmte Ergebnisse fördern und andere verhindern.

Ein Beispiel ist der Einsatz von Gentechnik in der Agrarindustrie. Da werden auf riesigen Flächen Monokulturen von Mais oder Soja gepflanzt, die genetisch so verändert sind, dass sie resistent gegenüber bestimmten Schädlingen sind. Die Risiken für unsere Gesundheit, für die Tiere und die Umwelt werden von etlichen Wissenschaftlern als unkalkulierbar eingestuft. Ihre Studien und Forschungsergebnisse – etwa das erhöhte Krebsrisiko – werden von

---

99 David Fillmore (geb. 1975), ebenfalls ein überzeugter Transhumanist, schrieb in seinem Essay „Nature is not our Friend" (dt. Die Natur ist nicht unser Freund): „Aber die wirkliche Bedrohung für Menschen kommt nicht von der Technik, sondern von der Natur. Unser Genom ist übersät mit fehlerhaften, uns für Krankheiten prädisponierenden Genen. Die meisten Kreaturen auf diesem Planeten sehen in dir nichts weiter als eine feine Quelle für Proteine. Moskitos verursachen bei 700 Millionen Menschen im Jahr schwerste Krankheiten. Gar nicht zu reden von all den Viren, Bakterien, Parasiten, Überschwemmungen, Erdbeben, Tornados etc., die alle ein Stück von dir wollen. Wir sollten viel mehr Angst vor der Natur haben als vor der Technik." *www.singularityweblog.com/nature-is-not-friend/* (12.3.2021).

Firmen wie Monsanto bzw. Bayer gezielt in ihrer Öffentlichkeitsarbeit verschwiegen oder verdreht. Für diese Praktiken liefert der US-Autor Steven M. Druker erdrückende Beweise.[100] Wissenschaft wird heute von vielen als unfehlbar angesehen. Diese Einstellung gilt uneingeschränkt im Transhumanismus, der sich ja in vielerlei Hinsicht selbst wie eine Religion präsentiert.

Hier ist kritische Wachsamkeit angeraten, wenn es – wie so oft in den Medien – heißt: „Wie die Wissenschaft erwiesen hat ..."

Ein tiefgreifender Ansatzpunkt besteht darin, dass im Transhumanismus der Tod überwunden werden soll. Was bedeutet das für unser Menschsein? Hierüber ließe sich ein weiteres Buch schreiben. Wir werden zum Ende dieses Buches darauf eingehen. An dieser Stelle sei nur darauf hingewiesen, dass wir bereits in unserer heutigen modernen Gesellschaft den Tod weitgehend tabuisiert haben. Je mehr wir dieses Phänomen oder besser Mysterium von Sterben und Tod verdrängen und aus unserem Leben ausklammern, desto größer ist die Gefahr eines „uneigentlichen Lebens" (Maaz) und einer normopathischen Gesellschaft.

100 Vgl. Steven M. Druker, Manipulierte Gene – Verdrehte Wahrheit, Kamphausen Media, Bielefeld 2020 und Christian Salvesen: GENveränderte Nahrungsmittel – Risiken für unsere Gesundheit und Umwelt, Kamphausen Media, Bielefeld 2019.

V.

Normopathie in der Medizin

1. Warum eine von Männern dominierte Gesellschaft zu einem krankhaften Umgang mit Gesundheit führt

In diesem Kapitel geht es um Medizin, Gesundheitsvorsorge und politische Maßnahmen zum Bevölkerungsschutz in gesundheitlichen Fragen. Doch dieser Themenkomplex lässt sich nur dann tiefer erschließen, wenn wir hinterfragen, ob und in welcher Weise maskulines Denken und Fühlen die moderne Medizin bestimmen. Wir mögen glauben, dass wir, zumindest in der westlichen Welt, die Gleichberechtigung der Geschlechter erreicht haben. Doch wie steht es damit tatsächlich? Wie nehmen wir das Leben an sich wahr? Eher als etwas, das es zu kontrollieren und auszunutzen gilt? Oder haben wir mehrheitlich einen tiefen Respekt vor allem Lebendigen, wollen es schützen und uns innerlich mit allem verbunden fühlen? Sind die Weltbilder, die unsere Gesellschaft bestimmen, auch in der Medizin, nicht im Grunde das Ergebnis einer hypermaskulinen Normopathie?

Spätestens seit der Antike Griechenlands, die ja als Geburtsstätte der europäischen und westlichen Kultur gilt, herrschte das patriarchalische Weltbild vor. Die Frau galt gegenüber dem Mann als minderwertig. Das war eine gegebene Tatsache, keine Frage der Diskussion. Der Philosoph Aristoteles (384 v. Chr.–322 v. Chr.), Mitbegründer des rationalen, logischen Denkens im Abendland, sah im Mann den „Normalfall der Natur", das hochwertige, richtig funktionierende Prinzip. Die Frau wurde als eine Abweichung von dieser Norm, als eine schwächere Ausprägung von Natur dargestellt. Schwangere Frauen waren nur der passive Brutkasten für den männlichen Samen. Diese Denkweise, wonach Frauen nichts zur biologischen Vererbung beitragen, wurde ein hartnäckiger Bestandteil des westlichen Denkens. Und zwar so sehr, dass die Entdeckung der weiblichen Eizelle im Jahr 1724 zunächst weitgehend geleugnet wurde, vor allem von der katholischen Kirche. Sie sah darin einen Versuch des Teufels, die natürliche Ordnung zu gefährden.[101]

Hier zeigte sich ein Muster, das bis heute in der kollektiven Psyche und damit eben auch in der Medizin wirkt: Das Leben spendende, nährende Prinzip, das vor allem von Frauen verkörpert wird, erfährt Geringschätzung. Wir werden im Folgenden noch erörtern, wie sehr diese Haltung sich in den bevorzugten Behandlungsmethoden der modernen Medizin niederschlägt.

Wem sind die Errungenschaften unserer Zivilisation zu verdanken, dem Mann oder der Frau? Was würden Sie sagen? Auch heute sehen wohl die meisten, wenn vielleicht auch nicht bewusst, im männlichen Prinzip das fast ausschließlich Kulturschaffende. Caroline Criado-Perez (geb. 1984) zeigt in ihrem exzellenten Buch „Unsichtbare Frauen" viele Beispiele für diese Einstellung auf. Zwei davon sind:

1. Wenn man fünfjährige Kinder fragt, ob sie ein Spiel spielen wollen, das für richtig schlaue Kinder gedacht ist, haben Jungs und Mädchen gleichermaßen Interesse an diesem Spiel. Ein Jahr später, nach dem ersten Schuljahr, haben Jungs das gleiche Interesse an einem solchen Spiel, während die meisten Mädchen nun desinteressiert sind. Ein Schuljahr reicht anscheinend

101 Vgl. John Shelby Spong, Why Christianity Must Change or Die, Harper, San Francisco 1998.

aus, um Mädchen die Botschaft zu vermitteln, dass sie weniger schlau sind.

2. Wenn Frauen und Männer sich für einen Job bewerben, sei es in einem Tech-Unternehmen oder als Musiker/innen in einem philharmonischen Orchester, steigt die Quote der Frauen, die eingestellt werden, dramatisch, wenn das Geschlecht der Bewerber den begutachtenden Personen nicht bekannt ist. So hat an der New Yorker Philharmonie die Frauenquote deutlich zugenommen, nachdem das «blinde Vorspielen» eingeführt wurde, bei dem eben nur die musikalischen Fähigkeiten zu hören waren.[102]

Voreingenommenheit ist meist unbewusst („unconscious bias"). Viele männliche Chefs von Unternehmen würden von sich selbst behaupten, keine Vorurteile gegen Frauen zu haben, und wahrscheinlich ist das in vielen Fällen ihr bewusstes Erleben. Aber kulturelle Stereotypen wirken, ob wir uns dessen bewusst sind oder nicht.

2. Jäger, Krieger, Sammlerinnen

Die überwiegend von Männern ausgeführten Aktivitäten der Jagd und des Kampfes gelten in der Anthropologie immer noch als die wesentlichen Impulsgeber dafür, warum wir heute so sind, wie wir sind. Wie war das doch im Geschichtsunterricht in der Schule? Was wurde vorrangig behandelt? Die großartigen Taten von Feldherren und Eroberern und welche Kriege wer gewonnen hat. Wo waren die lebensfördernden Leistungen von Frauen? Sie sind nicht überliefert.

Dieses einseitige Bild von der Bedeutung nicht nur der Männer, sondern vor allem des männlichen Prinzips des Jägers und Kriegers ist heute durchaus noch kulturprägend und bestimmt unser Denken, auch in der Medizin. Dabei beruht es auf Ignoranz und unvollständiger Geschichtsschreibung. Die Anthropologin Sally Slocum (geb. 1939) veröffentlichte 1975 ihre Arbeit „Woman the

102 Vgl. Caroline Criado-Perez, Unsichtbare Frauen – Wie eine von Daten beherrschte Welt die Hälfte der Weltbevölkerung ignoriert, btb, München 2020.

Gatherer", in der sie die Bedeutung des Leben spendenden und nährenden weiblichen Prinzips für die Entwicklung der Menschheit aufzeigt.[103] Ohne Sammlerinnen, die sich um Kinderbetreuung und alle Ressourcen kümmerten, die nicht durch Jagd erbeutet werden konnten, wäre der Urzeit-Jäger schnell ausgestorben.

Auch in Kultur und Wissenschaft sind viele Leistungen von Frauen unsichtbar geblieben, oftmals deshalb, weil Frauen generell zur Kooperation statt zur ichbezogenen Karriere neigen. Barbara Strozzi (1619–1677) komponierte im 17. Jahrhundert mehr Werke klassischer Musik auf höchstem Niveau als jeder männliche Komponist ihrer Zeit, aber sie ist kaum bekannt. Felix Mendelssohn Bartholdy (1809–1847) ist als Komponist weltbekannt, seine Schwester Fanny Hensel (1805–1847) dagegen wird erst in den letzten Jahren wieder gespielt, obwohl sie eine sehr gute Komponistin war und sogar sieben Werke, die Mendelssohn Bartholdy unter seinem Namen veröffentlichte, von ihr stammten.[104] Rosalind Franklin (1920–1958) gelang der entscheidende Durchbruch, der zur Erkenntnis über die Struktur der DNA führte. Ohne ihr Wissen und Einverständnis verwerteten James Watson (geb. 1928) und Francis Crick (1916–2004) ihre Forschungsergebnisse und erhielten als angebliche Entdecker der DNA den Nobelpreis. Diese Liste ließe sich lange fortsetzen. Wichtig für unsere Erforschung der Normopathie in der Medizin sind folgende Punkte:

1. Die Dominanz sowohl von Männern an sich als auch von der männlichen Sicht auf das Leben ist tief in unserem Denken verankert.
2. Der männliche Prototyp des Jägers, Kämpfers und vom Ehrgeiz Getriebenen bestimmt heutzutage weitgehend viele Lebensbereiche, auch die Wissenschaft und Medizin.
3. Das weibliche Prinzip des Leben Spendenden und Nährenden wurde und wird als geringer angesehen als das männliche Prinzip.

---

103 Sally Slocum, Woman the Gatherer: Male Bias in Anthropology, in: Towards an Anthropology of Women, Ranya R. Reiter, Monthly Review Press, 1975.

104 Vgl. Caroline Criado-Perez, Unsichtbare Frauen, a. a. O.

Frauen leisten heute noch weltweit 75 % der unbezahlten Care-Tätigkeiten im privaten Bereich, wie die Kinderbetreuung, die Pflege von Angehörigen oder die Hausarbeit. Während der Prototyp des männlichen Arbeitnehmers, dessen Leben sich in bezahlte Arbeit und Freizeit aufteilt, als Normalfall in der Wirtschaft gilt, wird die unbezahlte Care-Arbeit von Frauen nicht berücksichtigt. Steuervergünstigungen und Fördermittel gibt es für vieles rund um die bezahlte Arbeit, aber nur in seltenen Fällen für den Babysitter, den die berufstätige Mutter braucht. Frauenarbeit wird so weiterhin als selbstverständliche Gegebenheit angesehen, die nicht bezahlt und deswegen auch kaum als wesentliche Leistung erwähnt werden muss. Nur durch besondere staatliche Initiativen wie z. B. in Schweden erhöht sich der Anteil der von Männern ausgeübten Care-Tätigkeiten. Von allein geschieht dies nicht.

Wenn wir das männliche und das weibliche Prinzip im Umgang mit dem Schutz des Lebens betrachten, sehen wir, dass Frauen Leben austragen, gebären, mit ihrem eigenen Körper und durch emotionale Bindung nähren. Sie kümmern sich auch vorwiegend um das, was für ihre Kinder und andere Angehörige im täglichen Leben nötig ist. So war es auch in einem Stamm von Jägern und Sammlerinnen. Der urzeitliche Jäger konnte seine Familie und seinen Stamm vor vielen Gefahren beschützen. Er konnte mit der Jagd wertvolle Ressourcen beschaffen und Arbeiten verrichten, die kurzzeitig mehr Körperkraft erfordern. So ergänzten sich das Leben spendende weibliche und das eher aggressive männliche Prinzip zu einem harmonischen Ganzen. Darin bestand nach der heutigen Matriarchatsforschung auch die Synergie von weiblichen und männlichen Aufgaben in den matriarchalen Gesellschaften, in denen die Familienlinie genealogisch über die Mütter verfolgt wurde.

Wenn nun aber das kollektive Denken geprägt ist von der Vorstellung, der Jäger und Krieger habe mehr zur Entwicklung der Menschheit beigetragen als die Sammlerin, folgt damit automatisch, dass das männliche aggressive Prinzip und aggressive Vorgehensweisen, die Jagd oder Krieg entsprechen, höher bewertet werden als die dem weiblichen Prinzip gemäßen Vorgehensweisen.

3. Maskuline Medizin – Bekämpfen statt Heilen psychischer Krankheiten

Was finden wir nun überwiegend in den Herangehensweisen der modernen Medizin? Strategien und Methoden, die Gesundheit = Leben *fördern* oder Strategien und Methoden, die Krankheit = den Feind *bekämpfen*?

In den 1930er-Jahren arbeiteten zwei Ärzte an der Erforschung psychischer Krankheiten und an der Entwicklung von Lösungsansätzen, die unterschiedlicher nicht hätten sein können. Wilhelm Reich (1897–1957), ein ehemaliger Schüler von Sigmund Freud (1856–1939), befasste sich mit dem Phänomen der durch den Körper strömenden Lebensenergie. Er sah Zusammenhänge zwischen Störungen und Blockaden dieses Strömens von Lebensenergie in verschiedenen Körpersegmenten und psychischem Trauma und unverarbeiteten Prägungen im Unbewussten. Sein Lösungsansatz, die sogenannte „Vegetotherapie", entwickelte sich zu einer den Körper und seine Empfindungen auf tiefe Weise einbeziehenden Psychotherapie. Reich wurde für seine Denkansätze lächerlich gemacht, verspottet, manche seiner Forschungen in den USA zu den Zusammenhängen zwischen Lebensenergie und körperlichen Erkrankungen wurden mit brachialer Gewalt durch Behörden beendet, er selbst starb im Gefängnis. Reich wurde von Zeitgenossen als ein warmherziger Mensch beschrieben, und seine Schriften zeugen von einem tiefen Respekt vor dem Leben. In einer Welt der Dominanz des männlichen Denkens hatte er es ausgesprochen schwer.[105]

António Egas Moniz (1874–1955) war einerseits ein liberal denkender Mensch, der sich politisch für Demokratie in seiner

105 Vgl. Loil Neidhöfer, Intuitive Körperarbeit, Transform Verlag, Leipzig 1993.

portugiesischen Heimat engagierte. Andererseits sah er in psychischen Krankheiten etwas, das mit allen Mitteln ausgemerzt werden musste. Das entsprach dem männlichen Standpunkt des kriegerischen „Gegen-den-Feind-Vorgehenden". Sein Lösungsansatz wurde schließlich die Lobotomie, die Zerstörung eines Teils des Frontallappens im Gehirn. Im Gegensatz zu Reich war Moniz als Begründer der Lobotomie hoch angesehen. Er erhielt 1949 den Nobelpreis für Medizin. In den darauffolgenden Jahren explodierte die Zahl der Lobotomie-Anwendungen. Die Methode galt als die lang ersehnte Lösung für das Problem, dass Menschen eine verletzliche Psyche haben und nicht immer nach den genormten Ideen der Gesellschaft funktionieren. Zehntausende von Menschen, denen mit einer empathischen Psychotherapie wahrscheinlich hätte geholfen werden können, wurden zu leeren Hüllen. Die Lobotomie hatte ihnen alles Menschliche genommen.

Heute gilt die Lobotomie als Foltermethode und ist weltweit verboten, während Nachfolger von Reich der Vegetotherapie zu einem gewissen Ansehen verholfen haben. Aber das grundlegende Muster, das im Umgang mit psychischen Krankheiten der aggressiven, bekämpfenden Vorgehensweise Vorrang eingeräumt wird, hat sich bis heute kaum verändert.

4. Die fragwürdige Geschichte der Psychopharmaka

Auf der Suche nach einem Heilmittel für Tuberkulose stieß das Pharmaunternehmen „Hoffmann-La Roche" 1958 in Probandenversuchen auf ein Medikament, das zwar keine Wirkungen bei Tuberkulose zeigte, dafür aber eindeutig die Stimmung aufhellte. So wurde Marsilid das erste Antidepressivum und damit auch das erste Psychopharmakon der modernen Pharma-Medizin. Natürliche Mittel, die hervorragende Wirkungen auf die Psyche haben, waren schon lange vorher bekannt: Ashwagandha in der ayurvedischen

Medizin oder niedrig dosiertes Lithium. Aber nicht patentierbare Natursubstanzen ohne Nebenwirkungen wurden in der psychiatrischen Medizin nicht ernst genommen. Immerhin galt es, gegen die Krankheit einen Krieg zu führen und sie zu besiegen.

Depressionen wurden jedoch 1958 noch so selten diagnostiziert, dass die Chefetage von Hoffmann-La Roche sich enttäuscht darüber zeigte, dass Marsilid „nur" bei Depressionen wirkte, einer Krankheit mit so geringem Marktpotenzial.[106] Noch 1964 schrieb der renommierte New Yorker Psychiater Nathan Kline (1916–1983), dass Depressionen ja glücklicherweise fast immer von selbst verschwinden. Heutzutage sind psychische Erkrankungen in vielen westlichen Ländern die häufigste Ursache für krankheitsbedingte Arbeitsausfälle und Berufsunfähigkeit. Depressionen werden immer wieder als die neue Volkskrankheit bezeichnet.

Es gibt nicht wenige Stimmen in der psychiatrischen Medizin, die in dem hemmungslosen Einsatz von Psychopharmaka eine Ursache für die Verbreitung und Verschlimmerung vieler psychischer Krankheiten sehen. So hat eine umfassende Studie der Yale University von 1997 bis 2001 ergeben, dass die Behandlung einer Depression mit einem Antidepressivum die Wahrscheinlichkeit einer folgenden Bipolaren Störung um das Dreifache erhöht.[107]. Aktuelle Metastudien legen nahe, dass viele Antidepressiva nicht wirksamer sind als Placebos.[108]

Das populärste Antidepressivum der Pharmageschichte, Prozac, ist laut internen Dokumenten des Herstellers „Eli Lilly and Company" kaum wirksam. Diese Information wurde öffentlich zugänglich, weil 1989 ein unter Prozac stehender Patient, der nie zuvor durch Gewalt aufgefallen war, einen Amoklauf mit acht Toten und zwölf Schwerverletzten beging. In einem Gerichtsverfahren, das die Hinterbliebenen der Opfer gegen Eli Lilly anstrengten, musste der

106 Vgl. Felix Hasler, Neuromythologie – Eine Streitschrift gegen die Deutungsmacht der Hirnforschung, transcript Verlag, Bielefeld 2012.
107 Ebd.
108 *https://www.nzz.ch/wissenschaft/antidepressiva-sie-wirken-laut-einer-studie-kaum-besser-als-placebos-dennoch-werden-sie-massenweise-verschrieben-ld.1495251* (24.5.2021).

Konzern seine internen Dokumente offenlegen. Dabei kam heraus, dass der Chefentwickler von Prozac, Ray W. Fuller (1935–1996), in ersten Studien keine therapeutischen Wirkungen bei Depressionen feststellte, dafür aber Aggressionen als häufige Nebenwirkungen eintraten. Eine gesunde, nicht an Depressionen leidende 19-jährige Probandin beging nach einem Monat Prozac-Einnahme Selbstmord. Mit viel Trickserei konnte Eli Lilly schließlich eine therapeutische Wirkung von Prozac belegen, die gerade mal 11 % besser war als die eines Placebos. Um eine Verurteilung im Gerichtsprozess zu verhindern, zahlte Eli Lilly schließlich eine astronomische Summe an Schmerzensgeld an die Hinterbliebenen und der Prozess wurde mit einem Vergleich beendet.

Prozac ist bis heute ein Dauerbrenner auf dem Pharma-Markt, ebenso wie andere SSRIs (Selektive Serotonin-Aufnahme-Hemmer), die Klasse der Medikamente, zu denen Prozac gehört.

Welche Einstellung steckt dahinter, wenn Menschen, die von länger anhaltender Traurigkeit, Antriebslosigkeit und dem Gefühl der Sinnlosigkeit heimgesucht werden, mit nebenwirkungsreichen Chemikalien traktiert werden? Menschliches Leben ist nun einmal verletzlich. Sollte man dafür sorgen, dass jeder immer „gut drauf" ist? Kann mit den Medikamenten nicht ein lebensfremder Druck in Menschen aufgebaut werden? Ist es nötig, dass wir eine dauerhafte positive emotionale Performance abliefern? Wer kann das leisten – und wozu? Können Mitgefühl und Akzeptanz die Schwankungen der emotionalen Befindlichkeiten nicht deutlich akzeptabler werden lassen? Bei hartnäckigen psychischen Problemen gibt es auf Empathie basierende Therapien.

Ein Vertrauen in die Selbstregulationskraft des Lebens, inklusive der Psyche, ist natürlich die Basis dafür, dass wir uns mit unseren Problemen an empathische Menschen im Freundeskreis oder an professionelle Therapeuten wenden. Doch genau dieses Vertrauen, das eine Ausgewogenheit zwischen den weiblichen und männlichen Sichtweisen auf das Leben in sich trägt, wird in unserer modernen Gesellschaft nur wenig gefördert. Die brachiale Maßnahme in

Gestalt von Psychopharmaka mit unvorhersehbaren Nebenwirkungen gilt im Zweifelsfall dann doch als die sicherere Variante.

5. Wie die Medizin Infektionen deutet

Es spielt für unsere Betrachtungen hier keine Rolle, ob medizinische Forschung von Männern oder Frauen betrieben wird. Das Übergewicht des männlichen Prinzips im Denken kann in Wissenschaftlerinnen oder Wissenschaftlern verankert sein. Das weibliche Prinzip des Leben fördernden Ansatzes kann von ganzheitlich denkenden Männern ebenso verstanden und verkörpert werden wie von Frauen.

Im 19. Jahrhundert begann in der westlichen Medizin die Erforschung von Mikroben, die mit bestimmten Krankheiten assoziiert wurden. Wenn es heute so dargestellt wird, als wären hier nie zuvor da gewesene Erkenntnisse gewonnen worden, sei an dieser Stelle darauf hingewiesen, dass Mahavira (599 v. Chr.–527 v. Chr.), der Gründer der Jain-Lehre in Indien, bereits vor 550 v. Chr. auf die Existenz unsichtbarer Mikroorganismen und auf die große Bedeutung von Hygiene hingewiesen hat. Auch die arabische Kultur hatte die Hygiene lange vor der christlich-europäischen Kultur entdeckt. Aber für Europa waren die Entdeckungen der Bakterienforschung im 19. Jahrhundert tatsächlich bahnbrechend.

Dabei entwickelten sich zwei grundsätzlich unterschiedliche Denkrichtungen zum Thema „Bakterien und Mikroben“:

1. Die von Rudolf Virchow (1821–1902), Max von Pettenkofer (1818–1901), Antoine Béchamp (1816–1908) und Ilja Metchnikow (1845–1916) konzipierte Feldtheorie besagt: Gute Hygiene (ohne den Exzess der Sterilität anzustreben), gute Ernährung aus natürlichen Lebensmitteln und ein gutes Sozialleben stärken den Menschen gesundheitlich so, dass Mikroben weitgehend gesundheitsfördernd wirken. Vor allem die Entdeckung der Probiotika durch Metchnikow 1916 zeigte deutlich auf, dass Bakterien zum größten Teil Gesundheitserreger sind.

Die Feldtheorie betont, dass gute Gesundheit und die entsprechenden gesundheitsfördernden Maßnahmen die schädlichen Wirkungen von Mikroben gar nicht erst zulassen. Ist ein Körper krank, so muss vielleicht auch kurzfristig gegen Mikroben vorgegangen werden, aber vor allem muss der Körper wieder so gestärkt werden, dass er die Mikroben in ein Gleichgewicht bringt.

2. Die vor allem von Louis Pasteur (1822–1895) und Robert Koch (1843–1910) entwickelte Keimtheorie stellt fest: Mikroben verursachen an sich Krankheiten in einem völlig gesunden Körper und sind grundsätzlich gefährlich. Pasteur ging sogar so weit zu behaupten, dass ein gesunder menschlicher Körper vollständig keimfrei sein müsse. So setzte die Keimtheorie auf einen Krieg gegen Mikroben, ohne dabei auf gesundheitsfördernde Maßnahmen in der Lebensweise von Menschen Wert zu legen.

Ganz offensichtlich war die Feldtheorie geprägt von einer Leben spendenden, das Leben fördernden Sichtweise. Pettenkofer erkannte schmutziges Wasser als Ursache der Cholera und etablierte neue Abwassersysteme, die sehr wirksam die Cholera in Deutschland beendeten. Aber er sah keinen Grund darin, Mikroben übermäßig zu fürchten. Virchow befürwortete viele Aspekte einer gesunden, Immunsystem stärkenden Lebensweise wie natürliche Ernährung, Fasten, Spaziergänge und andere Arten der Bewegung in der Natur sowie das Pflegen von Freundschaften und sozialen Beziehungen. Die wissenschaftliche Forschung der letzten Jahrzehnte über die Zusammenhänge zwischen der Lebensweise und der Gesundheit des Menschen bestätigt Virchow auf eindrucksvolle Weise. Die Heilerfolge von Virchow und die der in Frankreich nach den Erkenntnissen von Béchamp arbeitenden Ärzte belegten, dass hier wichtige Erkenntnisse über die Natur von Gesundheit vorlagen. Man kann wohl sagen: Die Vertreter der Feldtheorie waren Wissenschaftler und Ärzte aus Berufung. Sie sind nicht durch einen besonderen persönlichen Ehrgeiz und Streben nach Ruhm und Reichtum aufgefallen.

Die Keimtheorie wiederum war geprägt von einem einfachen Feindbild: die überall lauernde Mikrobe, die es zu vernichten galt. Interessanterweise waren nun die beiden großen Koryphäen dieser Theorie von einem nahezu krankhaften persönlichen Ehrgeiz durchdrungen. Pasteur kopierte nachweislich einen Großteil der Erkenntnisse von Béchamp über eine Krankheit der Seidenraupen und gab sie als seine eigenen aus. Später kopierte er die Ergebnisse anderer Kollegen wie Jean-Joseph Henry Touissaint (1847–1890), den er durch Rufmordkampagnen beruflich ins Abseits stellte. Pasteur fälschte unliebsame Forschungsergebnisse, um erfolgreicher dazustehen, als er es tatsächlich war.[109] Es soll hier nicht bestritten werden, dass Pasteur große wissenschaftliche Leistungen erbracht hat, vor allem in der Bekämpfung der Tollwut. Aber sein Status als Nationalheld war auch das Ergebnis einer aggressiven Selbstvermarktung. Und wie steht es mit seiner Vorstellung vom keimfreien Menschen? Wir würden keinen Tag überleben ohne die unzähligen probiotischen Organismen, die unseren Körper besiedeln.

Machen wir nun einen kurzen Ausflug ins Reich der Wildtiere! Wie wirken sich dort Infektionen aus?

Seit Jahrzehnten findet weltweit ein dramatisches Artensterben statt. Dabei sterben die Tiere auch an Infektionen, und zwar nachdem sie gesundheitlich geschwächt wurden, weil der Mensch in ihre natürlichen Lebensgrundlagen eingegriffen hat. Mikroplastik, Ölverschmutzung, Pestizide, Schwermetalle und viele andere Faktoren können Tiere derart schwächen, dass sie einem Virus oder Bakterium nicht mehr gewachsen sind. Artenschützer, Biologen, alle Experten zu diesem Thema, sagen *immer*, dass wild lebende Tiere geschützt werden müssen, indem wir ihnen gesunde Lebensbedingungen wieder ermöglichen, und *niemals*, dass das Artensterben durch Impfungen aufgehalten werden kann, auch wenn durchaus Infektionen unter bestimmten Umständen das Massensterben von Tieren fördern. Nehmen wir an, es kommt zu einem Massensterben von Walen in einer bestimmten Region. Glauben wir dann an ein

109 Engelbrecht, Torsten/ Köhnlein, Claus, Virus-Wahn, emu Verlag, Lahnstein 2006.

neuartiges, böses Virus, an dem die Wale erkranken, oder glauben wir eher, dass „BP“, „Shell“ oder ein anderer Konzern mal wieder eine große Vergiftung des Ozeans verursacht hat?

Warum gilt bei wild lebenden Tieren die Feldt- und nicht die Keimtheorie? Warum können wir nicht die gleiche Überlegung auf den Menschen übertragen? Wir Menschen sind gesundheitlich desgleichen durch Toxine, Mikroplastik, Pestizide usw. belastet wie wild lebende Tiere. Hinzu kommt eine Ernährung mit einem hohen Anteil an völlig denaturierten Industrieprodukten.

Könnte es sein, dass die Keimtheorie bei wild lebenden Tieren deshalb nicht zur Anwendung kommt, weil damit einfach kein Geld zu verdienen ist?

Koch sah sich in erbitterter Konkurrenz zu Pasteur.[110] Besonders ein Fall ist geeignet, ihm, der für die Entdeckung des Tuberkulose-Bazillus den Medizin-Nobelpreis erhielt, Verantwortungslosigkeit zu unterstellen, und zwar betrifft das sein angebliches Wundermittel „Tuberkulin“, das Tuberkulose heilen sollte. In einer Zeit, als jeder siebte Deutsche an Tuberkulose starb, weckte dieses Versprechen natürlich große Hoffnungen. Koch behauptete, dass Tuberkulin im Tierversuch wirksam gewesen sei. Um Tuberkulin im großen Stil herstellen zu lassen, ging Koch eine Kooperation mit der chemischen Industrie ein und begründete so die moderne Pharmaindustrie. Nachdem mehr als 200 Menschen unmittelbar nach der Einnahme dieses Wundermittels gestorben waren, stellte Virchow in Untersuchungen und Autopsien fest, dass Tuberkulin die Tuberkulose massiv verschlimmerte, was die vielen Todesfälle verursacht hatte. Koch musste kleinlaut zugeben, dass er keinerlei Dokumentation über die angeblich erfolgreich verlaufenen Tierversuche vorweisen konnte. Virchow wurde verständlicherweise ein scharfer Kritiker von Koch und verhinderte dessen Aufnahme in eine renommierte wissenschaftliche Akademie.

Heutzutage ist das Robert-Koch-Institut zuständig für die Einschätzung von Infektionskrankheiten und die Bundesregierung

110 Siehe die Doku auf „arte“, *https://www.arte.tv/de/videos/074556-000-A/koch-und-pasteur/*

verlässt sich erstaunlich einseitig auf die Ansichten des RKI. Ganzheitsmediziner wie Virchow, Béchamp und Metchnikow, die nachweislich herausragende wissenschaftliche Leistungen erbracht haben, sind heute weit weniger in der öffentlichen Wahrnehmung präsent als Koch oder Pasteur. Es sieht ganz so aus, als habe sich das einseitig auf Krieg gegen Mikroben setzende Denken weitgehend durchgesetzt. Dabei widerlegt die Gesamtheit der wissenschaftlichen Fakten, inklusive der großen Bedeutung probiotischer Bakterien für die Darmflora, die völlig am Leben vorbeigedachten Ansätze eines keimfreien menschlichen Körpers.

Schauen wir uns nun an konkreten Beispielen an, wie sehr die durch den männlichen Jäger- und Kriegermodus bestimmte Sicht auf Krankheiten den Blick auf mögliche Ursachen verstellen kann, was in der Konsequenz immer wieder neue Krankheiten hervorbringt.

6. Die Keimtheorie und das Ignorieren anderer Krankheitsursachen

„Der größte Feind des Wissens ist nicht Unwissenheit, sondern die Illusion des Wissens."

(Stephen Hawking)

Der Feldzug gegen Mikroben durch Vertreter der Keimtheorie führte dazu, dass plötzlich alle Krankheiten als Infektionen aufgefasst wurden. Koch war z. B. davon überzeugt, dass Skorbut eine Infektionskrankheit sei, weil sie auf Schiffen ausbrach und dann oft den Großteil der Besatzung erfasste. Also musste es sich um eine Mikrobe handeln, die sich unter Menschen, die lange auf engem Raum zusammenleben, schnell ausbreitet. Doch was musste Koch an Daten ignorieren, um zu dieser Schlussfolgerung zu kommen? Beispielsweise brach Skorbut auf einem Schiff grundsätzlich erst nach vielen Wochen auf See ohne Landgang aus. Hätte aber jemand aus der Mannschaft eine infektiöse Mikrobe an Bord gebracht, dann hätte Skorbut nach wenigen Tagen um sich greifen müssen. Aus den Annalen der Seefahrt war bekannt, dass die Besatzungen unter dem Kommando von James Cook (1728–1779) nie an Skorbut erkrankten. Cook bestand nämlich auf der täglichen Ration frischen Sauerkrauts für jedes Mitglied der Mannschaft. Als Albert Szent-Györgyi (1893–1986) schließlich nachweisen konnte, dass Skorbut eine Vitamin-C-Mangelkrankheit ist, war die These von der Infektionskrankheit natürlich hinfällig.

Die schnelle Verbreitung einer Krankheit unter vielen Menschen, die Kontakt miteinander haben, ist eben noch kein Beweis für eine Infektion. Oft sind es andere Faktoren, etwa bestimmte Eigenschaften oder Verhaltensweisen, die Menschen in einer bestimmten Gegend gemeinsam haben, die eine Krankheit verursachen. Auch Beri-Beri, eine Nerven- und Muskelkrankheit, die durch Vitamin-B1-Mangel entsteht, und die Hautkrankheit Pellagra, verursacht durch einen Mangel an Vitamin Niacin, wurden fälschlicherweise für Infektionen gehalten. Das wäre vielleicht heute noch so, wenn nicht die Vitamine B1 und Niacin entdeckt worden wären.

7. Tuberkulose: Infektionen ganzheitlich betrachtet

Tuberkulose ist eine Infektion mit dem Mycobacterium „tuberculosis“. Der amerikanische Zahnarzt Dr. Weston Price (1870–1948), der zwischen 1920 und 1930 die Welt auf der Suche nach gesunden Völkern bereiste, konnte feststellen, dass diese Infektion auch bei den Inuit und anderen Völkern in kalten Klimazonen auftrat, deren traditionelle Lebens- und Ernährungsweise ohne westliche Industrienahrung auskam. Aber der entscheidende Unterschied zur Tuberkulose in Ländern, in denen sich die industriell verarbeitete Nahrung durchgesetzt hatte, war der gutartige Verlauf dieser Infektion bei Menschen, die von naturbelassener Nahrung lebten. Es kam zu einer Infektion, einige Wochen waren die Betroffenen mit Symptomen wie Husten krank – und dann genasen sie wieder.

Während Price seine Forschungsreisen unternahm, kamen viele Bevölkerungsgruppen zum ersten Mal mit industrieller Nahrung wie Zucker, gehärteten Pflanzenölen und Weißmehl in Berührung, was ihm die einzigartige Möglichkeit gab, den Effekt einer solchen Veränderung in der Ernährung unabhängig von anderen Faktoren in der Lebensweise zu beobachten. Bei den Inuit explodierten nun auf einmal die bösartigen Tuberkulose-Verläufe und Menschen starben an einer Krankheit, die ihr Immunsystem vorher im Griff hatte.[111]

Unsere Körper sind dynamische Systeme, die permanent mit unzähligen Faktoren wie Ernährung, Atemluft, elektromagnetischen Wellen, Geräuschen, Gerüchen und visuellen Eindrücken und all den vielen Bewegungen des Denkens und Fühlens in Wechselwirkung stehen. Die Keimtheorie, die bei Infektionen primär auf den Erreger als alleinige Ursache einer Krankheit blickt, versucht im Grunde, eine statische Erklärung für ein dynamisches Geschehen zu finden. Wenn Menschen an Tuberkulose sterben, ist dann Mycobacterium tuberculosis die einzige Todesursache? Oder könnte nicht auch der Konsum von raffiniertem Zucker mitverantwortlich sein dafür, dass nun ein Bakterium tödlich wird, das bei hochwertiger Ernährung nur ein paar Wochen Husten auslöst?

8. Grippeviren und andere Faktoren

1931 isolierte der amerikanische Arzt Dr. Richard Shope (1901–1966) zum ersten Mal Influenza-Viren in Schweinen. Er vertrat die Ansicht, dass dieses Virus mit verschiedenen Variationen latent in Säugetieren vorhanden ist und durch einen äußeren Einfluss ausbricht. Er kam u. a. auf diese Sichtweise, weil er beobachtete, wie eine Schweinegrippe innerhalb weniger Tage auf Farmen verstreut über die ganze USA gemeldet wurde. In den frühen 1930er-Jahren

111 Vgl. Weston A. Price, Nutrition and Physical Degeneration: A Comparison of Primitive and Modern Diets and their Effects, Keats Publishing 1999.

hätte eine Verbreitung durch Ansteckung, selbst wenn Menschen als Überträger fungiert hätten, etliche Wochen gebraucht, um überall in den USA anzukommen.[112]

Mit dieser Ansicht stand Shope nicht allein da. Über Jahrhunderte wurde Grippe nicht als ansteckende Krankheit angesehen. Auch vor der Entdeckung der Bakterien im 19. Jahrhundert war bekannt, dass Pest, Lepra, Scharlach, Diphterie und andere Krankheiten durch Kontakt übertragen wurden. Die Geschwindigkeit der Verbreitung dieser Krankheiten passte zu den damaligen Transportmitteln. So brauchte die große Pestepidemie im Jahr 1348 fast sechs Monate, um ganz Europa zu erreichen. Doch die Grippe, die immer schon in Wellen mit vielen Erkrankten auftrat, war einfach da, überall in kürzester Zeit. Akribische Dokumentationen über die Grippe existieren in Europa seit 1580 und im arabischen Raum noch etwas länger. Auch die damals auftretenden Grippewellen wurden innerhalb weniger Tage überall in Europa registriert.

So kam es zu der Sichtweise, dass die Grippe nicht durch Kontakt übertragen wird, sondern durch einen noch unbekannten Einfluss ausgelöst wird. Darauf bezieht sich auch das Wort „Influenza" (= Einfluss). Als Shope die Grippeviren entdeckte, war dies für ihn kein Widerspruch zur Theorie weiterer Ursachen. Er sah es so, dass Grippeviren ihren Anteil an der Erkrankung hatten, aber dass es ebenso andere Faktoren geben muss, die eine Grippe mit verursachen. Dies entspricht der Feldtheorie, die den Menschen als ein dynamisches System betrachtet, auf das immer eine Vielzahl von Faktoren einwirkt.

Die Feldtheorie kann sehr gut die Lebensweise eines Menschen, Lebensumstände und Bakterien, Viren oder andere potenzielle Erreger zu einem Netzwerk vereinen, das eine Krankheit insgesamt verursacht. Damit wird nicht die Rolle von Erregern bestritten, sondern in einen größeren Zusammenhang gestellt.

---

112 Vgl. *http://www.nasonline.org/publications/biographical-memoirs/memoir-pdfs/shope-richard.pdf* (Mai 2021).

Nicht nur die Ausbreitungsgeschwindigkeit lässt eine reine Keimtheorie-Deutung der Grippe fraglich erscheinen, sondern auch die Tatsache, dass erst im Zeitalter moderner Hygiene, als andere Infektionen deutlich zurückgingen, die Grippe wesentlich häufiger und schwerer in den Verläufen wurde. Zu den dafür verantwortlichen Faktoren kann die enorme Zunahme an elektrischen Wellen und Elektrosmog gerechnet werden. Als letztes Beispiel sei in diesem Zusammenhang noch kurz die „Spanische Grippe" thematisiert.

9. Die Spanische Grippe von 1918–1920

Im Sommer 1918 entwickelte sich eine zunächst recht milde Grippe, die dann im September desselben Jahres mit nie gekannter Wucht explodierte und in den kommenden 18 Monaten weltweit zu 400 Millionen Erkrankungen und geschätzt zwischen 27 und 50 Millionen Toten führte.

Woher wissen wir, dass es sich bei dieser Krankheit um eine Virusinfektion handelte? 1918 waren Nachweise für Viren nicht möglich, das Elektronenmikroskop wurde erst 1931 patentiert, und Shope gelang die erste Isolation von Influenza-Viren ebenfalls erst 1931.

In der im Permafrost konservierten Leiche eines Eskimos, der 1918 starb, entdeckten Forscher im Jahr 1977 Bruchstücke eines Influenza-A/H1N1-Virus. Später fand man ähnliche Bruchstücke in den Gewebeproben von drei Soldaten, die an der Spanischen Grippe verstorben waren. Aus Bruchstücken von Viren, gefunden in vier Körpern, erschloss man anscheinend die alleinige Ursache einer Krankheit, an der 400 Millionen Menschen erkrankten. In aufwendigen biochemischen Rekonstruktionen wurde schließlich 2004 erklärt, warum nun dieses Virus so viel tödlicher war als andere Influenza-A-Viren.

Das bloße Vorhandensein eines Virus bei erkrankten Menschen ist kein Beweis dafür, dass dieses Virus alleiniger Verursacher der Krankheit ist. Auch bei der Spanischen Grippe spricht die plötzlich sehr schnelle Verbreitung – schneller als Menschen damals reisen konnten – eher dafür, dass eine Infektion nicht die Haupt- oder einzige Ursache ist. Es wurden sogar etliche Tests mit Freiwilligen durchgeführt, ob und wie Grippe-Infizierte andere anstecken. Anhauchen aus unmittelbarer Nähe – ohne Maske – war nur einer der oft wiederholten Versuche. Ergebnis: keine Ansteckung.

Will man die Ursache einer Krankheit finden – und bei der Spanischen Grippe waren auch die Experten ratlos –, gilt es, auf sogenannte Korrelationen zu achten, also auf das gleichzeitige Auftreten zweier oder mehrerer Faktoren.

Im Jahr 1904 begann der Nachrichtentechniker Guglielmo Marconi (1874–1937) auf der Isle of Wight mit der Entwicklung von leistungsfähigen Radiosendern. Da die Technologie zur Übertragung von Radiosignalen im Vergleich zu heutigen Sendern noch sehr primitiv war, mussten große Distanzen einfach mit erhöhter Leistung, also mit sehr starken elektromagnetischen Signalen überbrückt werden. So entstand eine gewaltige Menge energiereicher Streustrahlung oder elektromagnetischer „Abfall", was wohlgemerkt in der heutigen Zeit bei Radiosendern aufgrund der viel präziser arbeitenden Technologie nicht der Fall ist.

Als die USA 1917 in den Ersten Weltkrieg eintraten, war die amerikanische Militärführung davon überzeugt, dass die drahtlose Telegrafie durch Radiosender ein kriegsentscheidender Vorteil sein könnte. So begannen sie, die Radiotechnologie von Marconi mit einem gewaltigen finanziellen und personellen Aufwand weiterzuentwickeln und auszubauen. Im September 1918 stellten die USA ein weltumspannendes Netz von Radiosendern fertig.

Im September 1918 explodierte die bis dahin milde Spanische Grippe plötzlich mit ungeahnter Wucht und begann, unzählige Todesopfer zu fordern.[113] Viele erkrankten mehrmals innerhalb eines Jahres, anstatt nach überstandener Krankheit immun zu sein. Etliche Patienten wiesen Symptome wie schwere Nieren- und

113 Vgl. Arthur Firstenberg, The Invisible Rainbow. A History of Electricity and Life, Chelsea Green Publishing 2020.

Gehirnblutungen auf, was für ein Virus, das die Atemwege befällt, wohl eher untypisch ist.[114]

Könnte es sein, dass manche Krankheiten aufgrund der Dominanz der Keimtheorie in der Medizin bis heute für Infektionen gehalten werden, obwohl sie ganz andere Ursachen haben? Was, wenn andere gesundheitsschädliche Faktoren im Lebensumfeld von Menschen und nicht infektiöse Erreger verantwortlich dafür wären, dass manche Krankheiten in Wellen um sich greifen? Wird man solche Faktoren noch wahrnehmen können, wenn man sich von vornherein festlegt, dass eine bestimmte Krankheit ganz sicher von einem infektiösen Erreger verursacht wird?

114 Vgl. Arthur Firstenberg, The Invisible Rainbow, a. a. O.

VI.

Normopathie in der Corona-Krise

Am 31. Dezember 2019 wurde die WHO (World Health Organisation = Weltgesundheitsorganisation) über Fälle von Lungenentzündung mit unbekannter Ursache in der chinesischen Stadt Wuhan informiert. Daraufhin identifizierten die chinesischen Behörden am 7. Januar 2020 als Ursache ein neuartiges Coronavirus, das vorläufig als „2019-nCoV" bezeichnet wurde. Das neue Virus erhielt später die Bezeichnung „COVID-19-Virus".

Mit Stand vom 12. März 2020 vormittags gab es in der Europäischen Region mehr als 20.000 bestätigte Fälle, davon bisher knapp 1000 mit tödlichem Ausgang. Daraufhin erklärte die WHO den Sars-Ausbruch zur Pandemie.[115]

Seitdem ist Corona weltweit das Thema Nummer eins in der Politik, den Medien und der Gesellschaft. Gegensätzliche Meinungen prallen hart aufeinander. Regierungen der meisten Länder – darunter auch Deutschland – setzen gravierende Maßnahmen durch, um die Bevölkerung vor einer Ansteckung durch Covid-19-Viren zu schützen. Der überwiegende Teil der Deutschen – über 80 Prozent – ist während des ersten Lockdowns im Frühjahr 2020 mit den Einschränkungen einverstanden. Die Massenmedien

115 Vgl. *https://www.euro.who.int/de/* (20.3 2021).

berichten auf Regierungslinie. Kritische Einwände und Stimmen von anderen als den wenigen von der Regierung beauftragten Virologen bzw. Wissenschaftlern werden ignoriert oder in Talkshows der öffentlich-rechtlichen Sender lächerlich gemacht und verunglimpft. Auf der einen Seite stehen nun laut Medien Corona-Leugner, Verschwörungstheoretiker und Rechtsradikale, auf der Seite der Mehrheit die einsichtigen, vernünftigen, demokratisch-aufgeschlossenen Menschen. Die Gesellschaft ist gespalten. Der Riss zieht sich durch alle Schichten bis in die einzelnen Familien und (ehemaligen) Freundeskreise.

Das ist ein sehr knapper Überblick über die erste Phase der Corona-Krise. Er wird von manch einem Leser vermutlich bereits als tendenziös wahrgenommen. Allerdings lassen sich alle Behauptungen belegen – und wir gehen ausführlicher auf die einzelnen Punkte ein, die, wie wir glauben, die Aufnahme dieses Kapitels rechtfertigen.

Es sind drei Aspekte, die wir im Zusammenhang mit Corona darstellen wollen: den medizinischen Aspekt, inklusive Gesundheitssystem, die Rolle der Medien und den psychologisch-menschlichen bzw. ethischen Aspekt.

Vorab sei gewürdigt: Die Herausforderungen an die Politiker, die sie beratenden Experten und die Bericht erstattenden Medien sind gewaltig. Die Ungewissheit, wie sich diese Krankheit entwickelt, bereitet zwangsläufig enorme Sorgen. Wie kann man das am besten in den Griff kriegen? Wie soll die Balance hergestellt werden zwischen dem Schutz vor Ansteckung und den wirtschaftlichen Folgen der Lockdowns? Aber extremer ist ja wohl, was die einzelnen Menschen aufgrund der Einschränkungen aushalten müssen, beruflich und privat. In jedem Fall gibt es für uns gute Gründe, die Lage fair zu analysieren, dabei aber auch Ansichten und Argumente vorzustellen, die von „offizieller" Seite in die Ecke der „Corona-Leugner", „esoterischen Spinnereien" und „Verschwörungstheorien" abgeschoben werden.

1. Der medizinische Aspekt

Laut Google gab es bisher (23.3.2021) weltweit 123.247.535 Infizierte, davon sind über die Hälfte genesen und 2.716.275 Menschen an oder mit den Covid-Viren gestorben. In Deutschland sind es laut RKI 2,6 Millionen Krankheits- und 74.000 Todesfälle bis Mitte März 2021. Allerdings lassen sich die Zahlen hinterfragen. Wie kommen sie zustande? Was genau wird in den Corona-Tests gemessen? Waren die Viren in allen Todesfällen ursächlich? Wurden dazu Obduktionen durchgeführt?

Kritik wurde in alternativen Kanälen wie „Rubikon" oder „Gunnar-Kaiser-TV" vor allem an den Maßnahmen der Regierung geübt: Ist die Gefahr wirklich so groß, dass derart radikale Beschränkungen demokratischer Grundrechte gerechtfertigt und verhältnismäßig sind? Wie sehr schützen die Masken? Wie aussagekräftig sind die Tests? Wir wollen hier nur einige uns wichtig erscheinende Aspekte aufgreifen und manche Hintergrundinformationen liefern, die in den Mainstream-Medien in dieser Form nicht zu finden waren.

2. Viren und Bakterien – Der große Unterschied

Während Bakterien Kleinstlebewesen mit einem eigenen Stoffwechsel sind, werden Viren von der Biologie nicht als Lebewesen eingestuft, weil sie keinen Stoffwechsel haben. Viren sind Gen-Schnipsel mit einer Hülle. Nun produziert unser Körper ständig Exosome, das sind ebenfalls Gen-Schnipsel mit einer Hülle. Wirklich zu unterscheiden, ob die vielen virenartigen Partikel, die man unter einem Elektronenmikroskop sieht, exogene Viren sind, die man sich durch Ansteckung eingefangen hat, oder ob es sich um Exosome handelt, ist ausgesprochen schwierig. Die Mikroben-Forscher des 19. Jahrhunderts konnten Bakterien mit einfachen Lichtmikroskopen und den damals zur Verfügung stehenden Labormethoden effektiv nachweisen. Die Virologie dagegen benötigt selbst beim heutigen

Stand der Technik Nachweisverfahren, die fragwürdig sind, im besten Sinne des Begriffs, nämlich des Hinterfragens würdig.

Gegen bakterielle Infektionen wirken Antibiotika in vielen Fällen effektiv. Bei aller berechtigten Kritik am übermäßigen Einsatz von Antibiotika ist es bemerkenswert, dass eine derart schlimme Infektion wie Lepra mit zwei Antibiotika-Gaben geheilt ist. Aber gegen einfache Erkältungsviren und erst recht gegen schwere virale Erkrankungen hat die Medizin bis heute keine effektiven Medikamente.

Es ist zumindest eine Überlegung wert, ob diese Diskrepanz in der Effizienz von Behandlungen auch darin begründet sein könnte, dass die ursächliche Rolle von Bakterien bei vielen Infektionen einfach plausibler ist als die von Viren.

3. Der PCR-Test

Kary Mullis (1944–2019), ein kalifornischer Biochemiker mit einem freigeistigen Forschungsansatz, grübelte Anfang der 1980er-Jahre über folgendes Problem: In der Genforschung und in forensischen Untersuchungen, bei Abstammungstests und anderen Anwendungen der Genetik waren manchmal so kleine Konzentrationen an Gen-Material vorhanden, dass herkömmliche Analyseverfahren sie nicht erfassen konnten. Während einer Autofahrt kam ihm die Idee, wie er ein einziges Erbgut-Molekül analysierbar machen konnte, indem er nämlich mit einem bestimmten Verfahren viele Millionen von Kopien davon anfertigen würde. So wurde die PCR (Polymerase Chain Reaction) geboren – eine Methode, die vielen Bereichen der Genforschung neue Möglichkeiten eröffnete. 1993 erhielt Mullis den Chemie-Nobelpreis für seine bemerkenswerte Erfindung des PCR-Tests.

Doch schon wenige Jahre nachdem PCR eine Standard-Methode in verschiedenen Gen-Untersuchungen geworden war, kam es zu einer eigenartigen Zweckentfremdung. Virologen hatten immer wieder das Problem, Viren postulieren zu müssen, die sie nicht nachweisen konnten. So flossen zwischen 1962 und 1978 in den USA hohe Summen an staatlichen Forschungsgeldern in die Suche nach dem Krebs-Virus, da viele Virologen Krebs für eine Virusinfektion hielten. Nach dem kläglichen Scheitern dieser Hypothese und dem bis 1976 versprochenen Impfstoff gegen Krebs schwenkten viele erfolglose Krebs-Virenforscher um und suchten neue Krankheiten, die sie mit ihrem Forschungsgebiet in Verbindung bringen konnten. PCR bot nun eine nie zuvor gekannte Gelegenheit: Wenn ein Test schon auf ein einziges Gen-Molekül reagiert und dieses vervielfältigt, bis es analysierbar wird, konnten nun viele Gen-Schnipsel als Viren gedeutet werden.

Allerdings verlangt die medizinische Definition einer Infektion das massive Vorkommen eines intakten, vermehrungsfähigen Erregers und nicht einen einzelnen Gen-Schnipsel. Im Klartext: PCR kann unmöglich eine Infektion feststellen. PCR findet nur mögliche Stellvertreter-Moleküle von eventuellen Viren – vielleicht von Viren, die nur mal kurz „Hallo“ gesagt haben, vielleicht von Trümmerteilen von Viren, die das Immunsystem längst besiegt hat, vielleicht von etwas ganz anderem. Auf der Basis eines mit PCR gefundenen Gen-Schnipsels eine Infektion festzustellen ist so, als würde man vom Fund eines Soldatenhelms auf den Überfall einer feindlichen Armee schließen.

Einer der schärfsten Kritiker der Nutzung von PCR zum Aufstöbern von Viren war ausgerechnet jener Wissenschaftler, der PCR erfunden hatte. Mullis lehnte die Nutzung von PCR als Viren-Test ab, und zwar genau aus den Gründen, die oben aufgeführt wurden. Bis zu seinem Tod im Jahr 2019 forderte er die Virologen auf, das von ihm entwickelte Verfahren als das zu sehen, was es ist, nämlich eine Methode, mit der man ein einziges Molekül finden kann, und dass man daraus nicht schlussfolgern sollte, dass dieses Molekül eine Krankheit verursacht. Auf einer Podiumsdiskussion sagte Mullis: „Wenn man ein einziges Molekül vervielfältigen kann, bis etwas Messbares entsteht, was PCR kann, dann gibt es sehr wenige Moleküle, von denen man nicht wenigstens eines im Körper hat. Man könnte dies als eine Art Missbrauch [des PCR-Tests, Anmerkung der Autoren] ansehen, die Behauptung, dass dieser Befund eine Bedeutung hat."[116]

Bei einer Infektion müssen so viele krank machende Erreger vorhanden sein, dass man PCR nicht braucht, um sie zu finden. Wenn man PCR braucht, um Viren zu finden, bedeutet das: Es sind nur extrem geringe Mengen davon vorhanden. Widerspricht das nicht jedem Verständnis von einer Infektion durch krank machende Erreger?

Kritische Virologen, Epidemiologen und Ärzte aus aller Welt warnen immer wieder davor, mit PCR-Tests gefährliche Seuchen zu erfinden. Torsten Engelbrecht (geb. 1966) und Dr. Claus Köhnlein (geb. 1955) haben in ihrem bemerkenswerten Buch „Virus-Wahn" mit aufwendiger Recherche dargestellt, wie immer wieder neue Seuchen erfunden oder andere Krankheitsursachen zugunsten von Viren ignoriert werden. Eines der analysierten Beispiele ist die relativ harmlose Grippewelle von 2003, die laut offiziellen WHO-Zahlen weltweit zu 8096 Erkrankungen mit 775 Toten führte. Etliche Virologen, darunter auch der heute dauerpräsente Christian Drosten (geb. 1972), stellten mit eigenen PCR-Tests das SARS-Virus als Erreger fest und erklärten SARS zur ersten gefährlichen Pandemie des 21. Jahrhunderts.

Auch bei der Vogelgrippe 2004 und bei der Schweinegrippe 2009 war Herr Drosten zur Stelle mit einem PCR-Test, und auch bei diesen angeblichen Pandemien erkrankten viel weniger Menschen als bei einer durchschnittlichen Grippe. Es war in den Medien von Millionen möglicher Todesfälle die Rede. Die Bundesregierung kaufte mit Steuergeldern einen nicht annährend ausreichend getesteten Impfstoff gegen die Schweinegrippe, der bei Hunderten von Kindern Narkolepsie verursachte, was einer schweren Behinderung gleichkommt. Es war wohl überwiegend dem besonnenen Eingreifen von Dr. Wolfgang Wodarg (geb. 1947), Pneumologe, ehemaliger Amtsarzt und Mitglied des Bundestags und der Parlamentarischen

116 Vgl. *https://www.youtube.com/watch?v=f_gBaEjy7p8* (23.5.2021).

Versammlung des Europarats, zu verdanken, dass die Schweinegrippe nicht in weiteren katastrophalen Maßnahmen gipfelte. Er behielt recht mit seiner Entwarnung bei der Schweinegrippe, an der weltweit 150 Menschen starben.

Und schließlich möchten wir von einem gut dokumentierten Vorfall berichten, in dem der so einflussreiche Virologe Drosten den PCR-Test im Grunde selbst für ungeeignet hält.

In den Jahren 2012–2014 beschäftigte die Virologie das zu den Corona-Viren zählende MERS-Virus (Middle East Respiratory Syndrome), das vor allem auf der arabischen Halbinsel nachgewiesen wurde. Einige Medienberichte stellten das MERS-Virus als sehr gefährlich dar. Die Fallzahlen und völlig überlasteten Kliniken würden Anlass zur Besorgnis auch für den Rest der Welt geben. Auch Herr Drosten war wieder mit einem neuen PCR-Test am Start, um nun das MERS-Virus aufzuspüren.[117]

Am 16. Mai 2014 veröffentliche die „Wirtschaftswoche" ein Interview mit Herrn Drosten, in dem er die Gefährlichkeit des MERS-Virus dadurch relativierte, dass er den PCR-Test als eine Methode darstellte, die bei vielen Tests zu vielen fragwürdigen positiven Ergebnissen führt. Er sagte sehr klar, dass die hohen Fallzahlen in Saudi-Arabien dadurch zustande kommen, dass dort am meisten getestet wird. Im Anschluss an diese Aussagen, dass die vielen Testungen zu den hohen Fallzahlen führen, ergaben sich die folgenden Fragen der „Wirtschaftswoche" und Antworten von Herrn Drosten:

Was ja an sich kein Fehler ist, oder?

Nun ja. Es ist eben so, dass es bisher eine klare Fall-Definition gab, also ein striktes Schema, das festlegte, welcher Patient als MERS-Fall gemeldet wurde. Dazu gehörte zum Beispiel, dass der Patient eine Lungenentzündung hat, bei der beide Lungenflügel betroffen sind. Als in Dschidda Ende März dieses Jahres aber plötzlich eine ganze Reihe von MERS-Fällen auftauchten, entschieden

117 Gerade erschien ein viel beachtetes Buch über Prof. Drosten, das Fakten und Hintergründe aufzeigt: Walter von Rossum, Meine Pandemie mit Professor Drosten: Vom Tod der Aufklärung unter Laborbedingungen, Rubikon, Mainz 2021.

die dortigen Ärzte, alle Patienten und das komplette Krankenhauspersonal auf den Erreger zu testen. Und dazu wählten sie eine hochempfindliche Methode aus, die Polymerase-Kettenreaktion (PCR).

Klingt modern und zeitgemäß.

Ja, aber die Methode ist so empfindlich, dass sie ein einzelnes Erbmolekül dieses Virus nachweisen kann. Wenn ein solcher Erreger zum Beispiel bei einer Krankenschwester mal eben einen Tag lang über die Nasenschleimhaut huscht, ohne dass sie erkrankt oder sonst irgendetwas davon bemerkt, dann ist sie plötzlich ein MERS-Fall. Wo zuvor Todkranke gemeldet wurden, sind nun plötzlich milde Fälle und Menschen, die eigentlich kerngesund sind, in der Meldestatistik enthalten. Auch so ließe sich die Explosion der Fallzahlen in Saudi-Arabien erklären. Dazu kommt, dass die Medien vor Ort die Sache unglaublich hochgekocht haben.

Sie meinen, dass die Medien einen Einfluss auf die Meldezahlen haben?

In der Region gibt es kaum noch ein anderes Thema in den TV-Nachrichten oder Tageszeitungen. Und auch Ärzte in Krankenhäusern sind Konsumenten dieser Nachrichten. Die überlegen sich dann ebenfalls, dass sie mal ein Auge auf diese bisher auch in Saudi-Arabien sehr seltene Erkrankung werfen müssten. Die Medizin ist nicht frei von Modewellen.[118]

4. Festhalten an Überzeugungen

Ersetzen wir einmal in Gedanken „MERS" durch „Corona"! Die Aussagen würden sehr wahrscheinlich offiziell als Verschwörungstheorie verurteilt, oder nicht?

Ist angesichts der katastrophalen Fehleinschätzungen von Drosten, RKI und anderen Pandemie-Verkündern bei SARS, der Vogel-

---

118 „Weltwirtschaftswoche", Interview mit Prof. Dr. Christian Drosten vom 16. Mai 2014, *https://www.wiwo.de/technologie/forschung/virologe-drosten-im-gespraech-2014-der-koerper-wirdstaendig-von-viren-angegriffen/9903228.html*

grippe und der Schweinegrippe und angesichts der Widersprüche in Drostens eigenen Aussagen, wie sie im Interview zum MERS zum Ausdruck kamen, nicht die Frage berechtigt, wie Personen und Institute bei derartig offensichtlichem Kompetenzmangel weiterhin als die (einzigen!) Berater der Regierung in Sachen Corona herangezogen werden können?

Stellen wir einmal die Verflechtungen mit kommerziellen Interessen zur Seite, so gibt es einen wichtigen Aspekt der Normopathie, der hier zur Geltung kommt und der auch in religiösen Kulten zu finden ist. Wenn Menschen emotional stark in einen bestimmten Glauben investiert haben, wird eine Kollision mit der Realität, die eigentlich dazu führen sollte, dass man seinen Glauben hinterfragt, eher dazu führen, dass man inbrünstiger an das glaubt, was gerade von der Wirklichkeit widerlegt wurde. Dieser intrapsychische Mechanismus ist allzu menschlich und kann potenziell in jedem von uns aktiv werden. Es ist schmerzlich, sich einzugestehen, dass man auf das falsche Pferd gesetzt, dass man sich fundamental geirrt hat. Es ist bequemer, dieser Konfrontation mit der Realität auszuweichen und stattdessen von der Realität einzufordern, sich dem eigenen Glauben anzupassen.

Es ist die Ansicht der Autoren, dass dieser Mechanismus einen wesentlichen Anteil an allem hat, was rund um das Thema „Corona" seit Anfang 2020 geschehen ist – und zwar global!

5. Corona versus Luftverschmutzung

„Da, wo alle gleich denken, denkt niemand richtig nach."[119]
(Walter Lippmann)

Bitte vergegenwärtigen Sie sich für einen Moment, wie oft Sie im Jahr 2020 in den Medien, von Politikern, von Hinweisschildern beim Einkaufen, durch Regelungen für Ihren Beruf, Kinderbetreuung,

119 Walter Lippmann (1889–1974) war zweifacher Pulitzer-Preis-Gewinner und kann als einer der einflussreichsten Journalisten des 20. Jahrhunderts gelten.

Familienfeste, Hobby, ehrenamtliche Tätigkeiten und andere Lebensbereiche Aussagen über die Gefährlichkeit von Corona gehört haben. Bitte versuchen Sie, sich jetzt daran zu erinnern, wie oft Sie im Jahr 2020 von den Medien, von Politikern oder in Ihrem Lebensumfeld auf Gesundheitsgefahren durch Luftverschmutzung hingewiesen wurden.

Laut offiziellen Zahlen starben im Jahr 2020:

2,4 Millionen Menschen weltweit an Corona[120]

6,6 Millionen Menschen weltweit an Luftverschmutzung[121]

In Deutschland starben 2020 über 80 000 Menschen an Luftverschmutzung, eine Anzahl, die weder von Corona im Jahr 2020 noch von irgendeiner anderen Infektionskrankheit seit dem 2. Weltkrieg jemals auch nur annähernd erreicht wurde.[122]

Was ist gefährlicher für unsere Gesundheit: Corona oder Luftverschmutzung? Was sagen unwidersprochene Fakten zu dieser Frage? Welchen Eindruck hinterlassen auf der anderen Seite Politik und Medien?

Es gibt gute Gründe, daran zu zweifeln, dass die Zahlen zu den Corona-Sterbefällen akkurat sind, weil natürlich nicht jeder Mensch, der einen positiven PCR-Corona-Test aufweist und innerhalb einiger Wochen stirbt, auch ursächlich an diesem Virus gestorben ist. In Medienberichten wird entweder die sperrige Formulierung „an oder mit Corona gestorben“ oder „in Zusammenhang mit dem Corona-Virus verstorben“ verwendet. Eine eindeutig ursächliche Beziehung eines positiven PCR-Tests zu einem Todesfall besteht offenbar nicht. Doch selbst wenn alle gemeldeten Corona-

120 Vgl. *https://covid19.who.int/* ((Abgerufen am??? 9.3.2021))

121 Vgl. *https://www.ecowatch.com/air-pollution-deaths-study- 2648424420.html*
Von der WHO gibt es die Angaben von 4,2 Millionen Toten pro Jahr durch Luftverschmutzung außerhalb des Hauses und 3,8 Millionen Toten durch Luftverschmutzung innerhalb des Hauses, vor allem durch Kochen mit offenem Feuer im Haus. Die WHO -Angaben sind pro Jahr, nicht spezifisch für 2020.
Vgl. *https://www.who.int/health-topics/air-pollution#tab=tab_3*
https://www.who.int/health-topics/air-pollution#tab=tab_1

122 Ecowatch, a. a. O.

Todesfälle nachweislich „echt" wären, die Gesundheit der Menschen in Deutschland und weltweit wäre im Jahr 2020 viel stärker von Luftverschmutzung bedroht als von Covid-19.

Es gehört zu den Eigenarten der medizinischen Normopathie, die Aufmerksamkeit von den wirklich größten Bedrohungen für die Gesundheit abzulenken, sie mit einem Schulterzucken als unveränderliche Gegebenheiten hinzunehmen und stattdessen aus anderen, geringeren Bedrohungen für die Gesundheit derartig monströse Gebilde in der Wahrnehmung der Menschen entstehen zu lassen, dass sie bereit sind, ihr Leben der daraus resultierenden Angst unterzuordnen.

Stellen wir uns einmal als Gedankenexperiment vor, die Regierung würde aufgrund der hohen Todeszahlen durch Luftverschmutzung folgende Maßnahmen beschließen:

- Autofahren würde über Monate verboten werden, bis messbare Reduzierungen der Luftbelastung erreicht sind. Eine Rückkehr zu „freie Fahrt für freie Bürger" wird von der Politik und den sie beratenden Experten ausgeschlossen.
- Das Verbot des Autofahrens gilt selbstverständlich auch für alle Fahrten, die Eltern für ihre Kinder machen: zur Schule, zum Sportverein, zum Musikunterricht, zu allen Freizeitaktivitäten. Das wird zwar als bedauerlich für die Kinder bezeichnet, aber bei 80.000 Toten durch Luftverschmutzung pro Jahr in Deutschland müssen eben Opfer gebracht werden.
- Der Gütertransport mit LKWs ist nur noch da erlaubt, wo es um die Grundversorgung geht.
- Aufgrund der massiven Luftverschmutzung durch Massentierhaltung wird jede Art von Fleisch aus der Massentierhaltung sofort verboten, nur noch Bio-Fleisch ist im Handel verfügbar. Eine gesetzliche Vorschrift zur allgemeinen veganen Ernährung wird in der Politik laut diskutiert.
- Grillen, Kaminöfen, Kerzen und das Rauchen werden komplett verboten.

- Die industrielle Produktion vieler Konsumgüter, die nicht zur Grundversorgung gehören, wird eingestellt, um die industrielle Luftverschmutzung zu reduzieren.
- Überall im öffentlichen Raum und am Arbeitsplatz herrscht Maskenpflicht, um sich vor Luftverschmutzung zu schützen. Die Masken selbst geben Formaldehyd, Mikroplastik, Silberchlorid und andere toxische Substanzen ab. In der früheren Anwendung dieser Masken in bestimmten Berufen wurde vorgeschrieben, dass sie nicht länger als eine halbe Stunde bis Stunde benutzt werden sollen, aber nun müssen sie von vielen Menschen über viele Stunden am Tag getragen werden.
- Kritiker der Maßnahmen gegen Luftverschmutzung werden als Verschmutzungsleugner und Rechtspopulisten bezeichnet, ihre YouTube-Kanäle gelöscht, ihre Demonstrationen gewaltsam aufgelöst.
- Die gewaltigen wirtschaftlichen Folgen dieser Maßnahmen würden von der Politik damit gerechtfertigt werden, dass sie „alternativlos" seien. Finanzielle Unterstützung würde zwar von der Regierung für die vielen Firmen und Selbstständigen mit Einkommensausfällen bereitgestellt, aber in viel zu geringem Ausmaß und viel zu langsam, um die realen wirtschaftlichen Schäden, die vor allem Mittelstand und untere Einkommen betreffen, zu kompensieren.

Wie viele Menschen würden wohl solchen Maßnahmen zustimmen und sie als Notwendigkeit akzeptieren, wenn sie einfach so in kürzester Zeit eingeführt würden? Nun, es fehlt ein entscheidender Punkt in unserem Vergleich mit Corona, und zwar die Ansteckungsgefahr. Das ist das schwer kalkulierbare Risiko, was Menschen so besorgt macht. Die Angst, sich anzustecken mit einer Krankheit, die so unbekannt und bedrohlich erscheint. Doch Panik lässt sich leicht durch gezielte Berichterstattung erzeugen, auch ohne Ansteckungsgefahr.

Stellen Sie sich vor, in den Medien brennt ein Dauerfeuer mit nur einem Thema: Luftverschmutzung. Die Zahlen der an Luftverschmutzung Erkrankten und der daran Gestorbenen werden täglich in allen Medien angegeben. Prognosen über eine Zunahme der Todeszahlen bei Nichteinhaltung der Maßnahmen werden immer wieder verkündet, als handele es sich um gesicherte Fakten. Experten, die der Meinung sind, das Problem der Luftverschmutzung könne auch durch andere Schritte gelöst werden, kommen praktisch nie zu Wort. Wie lange würde ein solches mediales Dauerfeuer brauchen, um in der Bevölkerung die Akzeptanz dieser Maßnahmen zu erreichen?

Werden bestimmte Aussagen ständig wiederholt, dann wird die Wahrnehmung so beeinflusst, dass diesen Aussagen ein immer höherer *gefühlter* Wahrheitsgehalt zugesprochen wird, der nichts mit einer objektiven Prüfung der Fakten zu tun hat. Aus diesem Grund funktioniert das berühmte „mere exposure"-Phänomen in der Werbung: Je öfter man eine Werbung für ein bestimmtes Produkt sieht, umso höher ist die Wahrscheinlichkeit, dass man das Produkt kauft. Diese Wirkung ist völlig unabhängig davon, ob man die Werbung ansprechend findet oder nicht. Wiederholung wirkt, und wie tief sie auf uns wirkt, ist uns selten wirklich bewusst.

Die ständige Wiederholung eines Gesundheitsthemas in den Medien kann sehr leicht den Eindruck erzeugen, es handele sich tatsächlich um die größte Bedrohung für die Bevölkerung. Und so findet eine unvoreingenommene Prüfung der Fakten nicht mehr statt. Sogenannte „Faktenchecks" dienen nur als Bestätigung für die willkürlich festgelegten Normen dessen, was man für wahr halten darf. Der Druck, diesen Normen zu entsprechen, ist eben Normopathie. Der Umgang mit Covid-19 zeigt in der Tat ihre Charakteristika.

6. Ein krankes Gesundheitssystem

„Das irreführend ‚Gesundheitswesen' genannte Medizinsystem ist in Wirklichkeit ein System des Krankheitsmanagements, in dessen Spielregeln Gesundheit so gut wie nicht vorkommt. Es lebt von der Vermehrung von Leistungen am Kranken, nicht von

Gesundheit."[123] Das schreibt kein Geringerer als Ellis Huber (geb. 1949), der langjährige Präsident der Berliner Ärztekammer.

Das aus dem 18. Jahrhundert stammende mechanistische Grundmodell vom Körper als Maschine beherrscht noch immer die Vorstellung vieler Ärzte. Sie behandeln die Störungen im Organismus wie Klempner und Elektriker: Rohrbrüche reparieren, Kurzschlüsse überbrücken, Transportprobleme lösen. Und dazu werden immer teurere Apparate auf den Markt gebracht. Man ist technisch auf dem neuesten Stand. Wo oft einfache Röntgenbilder genügen, muss eine Computertomografie her. „Wie selbstverständlich glauben Ärzte, Medien und in der Folge auch Patienten, dass die beste Technik auch am meisten Gesundheit produziert."[124]

So wird zum Beispiel gern propagiert, dass sich die Lebenserwartung durch die Erkenntnisse und technologische Entwicklung der modernen Medizin drastisch erhöht habe. Tatsächlich sind es aber zu 80 % die Veränderungen der allgemeinen Lebensbedingungen, also psychosoziale Faktoren, die das Älterwerden ermöglichen.

Ebenso teuer und verhältnismäßig ineffektiv wie die Apparatemedizin ist die Verschreibung stets neuer Medikamente, die von der Pharmaindustrie in den Markt gepuscht werden. Oft enthalten sie keine oder wenig neue Wirkstoffe im Vergleich zu früheren Medikamenten, sind aber um bis zu 80 % teurer.

Die meisten Ärzte, meint Huber, kennen nur die Arzneimitteltherapie und wissen nicht, wie man auf psychosomatische Probleme eingeht. Seit den großen Pionieren der Bakterien- und Virenbekämpfung Anfang des 20. Jahrhunderts gelten Tabletten und Spritzen immer noch als Allheilmittel. Virchow behandelte mit Antibiotika erfolgreich die Seuchen der Armen. Doch die heutigen Killer sind Herzinfarkt und Krebs. Hinzu kommen Allergien, chronische Leiden wie Rückenschmerzen, Depressionen, Panikattacken und Konzentrationsschwächen. Die Krankheitsbilder

---

123 Huber, Ellis/Langbein, Kurt, Die Gesundheitsrevolution. Radikale Wege aus der Krise – Was Patienten wissen müssen, Aufbau-Verlag, Berlin 2004, S. 17.

124 Huber, Ellis/Langbein, Kurt, Die Gesundheitsrevolution. Radikale Wege aus der Krise – Was Patienten wissen müssen, a. a. O., S. 47.

sind sehr komplex geworden. Das kann nicht allein mit Pillen und Maschinen kuriert werden. Die Vorstellung, dass die Leitungen im Körper durch Chemikalien einfach freigefegt werden könnten, ist zwar eingängig und anschaulich, aber falsch.

Das Modell der Maschine wird nicht nur auf den einzelnen Patienten, sondern – laut Huber – auch auf übergeordnete Systeme übertragen. Das moderne Krankenhaus arbeite wie eine große Fabrik und „das Gesundheitssystem wird politisch wie eine Megamaschine konstruiert und gesteuert".[125] Statt wie in den meisten anderen heutigen Wirtschaftsunternehmen auf Teamgeist, Kommunikation, Transparenz und kreative Eigeninitiative zu setzen, gilt in der Medizin immer noch das längst überholte Prinzip des funktionierenden Rädchens im Getriebe. Das führt unter anderem dazu, dass die Verantwortung stets auf andere abgeschoben wird. Letztlich ist niemand verantwortlich, weder für Fehldiagnosen noch für zu hohe Kosten.

Doch zum Glück weicht diese Einstellung – die in ihrer Sturheit selbst etwas Maschinenhaftes an sich hat – zunehmend auf. Über 50 % der zugelassenen Ärzte bieten hierzulande in ihren Arztpraxen auch alternative Methoden wie Homöopathie, Naturmedizin, Ayurveda und Traditionelle Chinesische Medizin (TCM), inklusive Akupunktur an.

Davon bekommt man/frau allerdings in dieser „Corona-Krise" wenig mit. Die von bestimmten Virologen dringend angeratene Lockdown-Politik setzt ausschließlich auf Abstand, Abschottung und Isolierung. Vorschläge zur Unterstützung des Immunsystems und überhaupt zum Schutz und zur Stärkung der seelischen Gesundheit kommen nur auf alternativen Internetkanälen bzw. über Newsletter von ganzheitlich ausgerichteten Ärzten wie z. B. Dr. Ruediger Dahlke (geb. 1951).

Es ist genau diese starre Einseitigkeit, das sture Festhalten an einer mechanistischen Denkweise, was wir hier kritisieren. Wo bleibt die Menschlichkeit, ja, ganz direkt gefragt: Wo bleibt da die Liebe?

---

125 Ebd., vgl. *https://www.derstandard.at/story/1614218/medizinische-qualitaet-statt-quantitaet* (24.5.2021).

Es ist sogar wissenschaftlich nachgewiesen, dass sie eine wesentliche, unerlässliche Rolle bei der Heilung von und dem Schutz vor Krankheiten spielt. Dazu gehört allerdings auch und gerade der Kontakt und die Nähe zu Menschen, die in Corona-Zeiten ersatzlos gestrichen wurden.

„Um das Ziel der Heilung zu erreichen, hat sich der Faktor Liebe in Form von Nähe und Zuwendung als der unschlagbar stärkste erwiesen“[126], schreibt der bekannte Kardiologe Dean Ornish (geb. 1953), Leibarzt von Bill Clinton (geb. 1946).

Es gibt viele dokumentierte Schicksale von Menschen, die isoliert im Altersheim starben und zuvor deutlich gegen die unerträgliche Bevormundung durch die Maßnahmen der Politiker protestierten. Darauf gehen wir gleich noch unter dem Aspekt der Würde des Menschen ein.

7. Die Medien

Selten haben die Massenmedien, also auch „seriöse“ Magazine wie „Der Spiegel“, Zeitungen wie „Die Zeit“ oder die „Süddeutsche Zeitung“ und vor allem die öffentlich-rechtlichen Sender wie ARD und ZDF so einheitlich und eindringlich die Position der Regierung vermittelt wie beim Thema „Corona“. Anfangs gab es in der Politik noch keine eindeutige Position, wie gefährlich das neue Virus und ob ein Mund-Nasen-Schutz nötig oder sinnvoll sei. Doch seit Mitte März 2020 sind die Positionen abgesteckt und haben sich zunehmend verhärtet. Auf der einen Seite die offizielle, von der Politik befürwortete Darstellung: Das Virus ist sehr ansteckend und kann tödlich sein. Zum Schutz der Bevölkerung, vor allem der Risikogruppe der über 80-Jährigen, muss jeder Bürger die beschlossenen Maßnahmen befolgen, andernfalls drohen hohe Geldstrafen und sogar Gefängnis.

Wie schnell wird sich die neue, unheimliche Krankheit verbreiten? Können in den Krankenhäusern genug Betten für Notfälle

126 Ornish, Dean, Die revolutionäre Therapie: Heilen mit Liebe. Schwere Krankheiten ohne Medikamente überwinden, Mosaik Verlag, München 1999.

bereitgestellt werden? Wie werden die Zahlen der Ansteckungen so niedrig wie möglich gehalten? In den Medien, den Nachrichten, Kommentaren und Talkshows gibt es kein anderes Thema als „Corona" – und zwar überwiegend aus einer einzigen Perspektive betrachtet. Monokultur im buchstäblichen Sinne.

Auf der anderen Seite herrscht ein wildes, buntes Treiben auf unzähligen Foren und Kanälen im Internet. Da wird zu Demonstrationen und Widerstand gegen die Maskenpflicht aufgerufen. Es werden unterschiedlichste Theorien entwickelt, wer hinter dieser Pandemie steckt und warum. Etliches erscheint zu weit hergeholt, fast paranoid. Anderes klingt vernünftig und erwägenswert. Auch namhafte Wissenschaftler vom Fach wie Prof. Dr. Sucharit Bhakdi (geb. 1946) kommen fast nur auf alternativen Internetkanälen zu Wort. Die Mehrheit der Bevölkerung bekommt von dem regen Meinungsaustausch im Internet kaum etwas mit. Sie orientiert sich an der „Tagesschau" und ähnlichen offiziellen Mitteilungen.

Nach dem zweiten und einem sich anbahnenden dritten Lockdown wird nun allerdings die Kritik an den immer gleichen Strategien auch in den Massenmedien lauter. Die verheerenden Folgen für das gesellschaftliche Leben, die Wirtschaft, die Bildung und die seelische Gesundheit sind einfach nicht mehr zu ertragen.

Wie gehen wir nun mit unserer Analyse vor? Die Stimmen von Menschen, die anderer Meinung sind als die – in diesem Fall von der Politik und den Medien propagierte – Norm, dürfen in einer Demokratie nicht verboten, unterdrückt, ignoriert oder lächerlich gemacht werden. Wir wollen einige wenige aus unzähligen Beispielen kurz darstellen und überlegen, welche Rolle die Normopathie dabei spielt.

Es geht hier nicht zuletzt um die Funktion der Medien in unserer Gesellschaft. Waren es nicht Journalisten, die den Watergate-Skandal in den USA aufdeckten? Verpflichtet die im Grundgesetz Artikel 4 verankerte Pressefreiheit als „vierte Macht im Staat" die Meinungsmacher nicht dazu, über Missstände aufzuklären? Welches andere Instrument als die Presse kann die Gesellschaft derart beeinflussen – entweder die Menschen zu mehr Demokratie, Toleranz,

Offenheit, kritischer Vernunft und Mitgefühl bewegen oder aber in Panik, Egoismus und Stumpfsinn erstarren lassen?

8. Das Für und Wider in der Presse

Eines der relativ wenigen Beispiele für einen kritischen Beitrag in der Mainstream-Presse ist das Interview im Feuilleton der „Süddeutschen Zeitung" mit der Juristin, Journalistin und Schriftstellerin Juli Zeh (geb. 1974). Sie, die 2019 als ehrenamtliche Verfassungsrichterin in Brandenburg berufen wurde, hat immer wieder kritisiert, dass der Staat die Bürger mit Geboten und Verboten bevormunde, und zu mehr Widerstand aufgerufen.

Im Interview weist sie darauf hin, dass laut Verfassung bei Grundrechtseingriffen immer ein möglichst mildes Mittel zu wählen sei. Fehle es an der Verhältnismäßigkeit, seien die Maßnahmen unter Umständen verfassungswidrig. Es hätte ein wissenschaftlich fundierter Diskurs aller medizinischen Fachrichtungen, beispielsweise mittels einer Ad-hoc-Kommission, helfen können. Stattdessen habe man einzelne prominente Experten zu Beratern gemacht und zugelassen, dass eine eskalierende Medienberichterstattung die Öffentlichkeit und die Politik vor sich hertreibt. Die Regierung habe die Entscheidungen als alternativlos hingestellt. „‚Alternativlos' ist ein anderer Begriff für ‚Keine Widerrede!' und damit ein absolut undemokratisches Konzept."[127]

Der bekannte Journalist und Autor Gabor Steingart (geb. 1962) führt in seinem „Morning Briefing" vom 8. April 2020 neben Juli Zeh weitere kritische Stimmen an, darunter die Heidelberger Fachanwältin für Medizinrecht Beate Bahner (geb. 1966), die im April 2020 mit ihren Erklärungen, dass der Shutdown verfassungswidrig sei, und mit Aufrufen zu (bereits verbotenen) Demonstrationen für Aufsehen sorgte.[128]

127 Steingart, Gabor, Morning Briefing vom 8.4.2020, *https://news.gaborsteingart.com/online.php?u=OsNtzuU4145*

128 Zu der Geschichte findet sich eine sachlich-informative Darstellung von Christian Rath im „Legal Tribune Online", *https://www.lto.de/recht/hintergruende/h/rechtsanwaeltin-bahner-heidelberg-corona-skepsis-grdunrechte-psychiatrie-verschwoerung/*

Die Berichterstattung der Presse über Demonstrationen macht selten den Eindruck von Objektivität und Sachlichkeit. Man sehe sich die Demonstration in Berlin am 1. August 2020 an. Augenzeugen berichten und Videos von Handys belegen über 100.000 friedliche Demonstranten aus allen Bevölkerungsschichten und Altersgruppen. Fokus der Berichte in der Presse ist dagegen der Aufmarsch einer kleinen Gruppe Rechtsradikaler.

Der Sprecher der „kritischen Polizei“, Thomas Wüppesahl (geb. 1955), sagt in einem Interview, er habe sich bei Corona-Demonstrationen in sieben deutschen Städten den Eindruck verschafft, dass es sich hier um den Durchschnitt der Bevölkerung handele, „soziologisch so gesund, davon können Linke und Rechte nur träumen“. Sein Wunsch sei, dass die Corona-Aktivisten und Aktivistinnen „authentisch ihre friedliche Herangehensweise für eine bessere Meinungsbildung und Entscheidungsfindung zur Corona-Problematik fortsetzen“[129]. Wüppesahl wird aufgrund seiner kritischen Aussagen ebenfalls als zwielichtige Figur dargestellt. Die Querdenkerbewegung wird mittlerweile (April 2021) bundesweit vom Verfassungsschutz überwacht.

Auch Medien wie „Der Spiegel“ bringen ihre Videos. Jeder kann sich nun selbst davon überzeugen, wie hasserfüllt und durchgeknallt die Corona-Leugner sind. „Spiegel-TV“ zeigt: „Aufstand der Rücksichtslosen: Radikale Corona-Leugner in Berlin“. Vorspanntext: „Im Regierungsviertel heftige Proteste gegen die Corona-Politik. AfD-Politiker suchten den Schulterschluss mit den Demonstranten.“[130]

Die dargestellten Szenen von Demonstranten, die Polizisten beschimpfen, wirken noch unmittelbarer als die sonst so erfinderisch-sarkastischen Beobachtungen von „Spiegel“-Schreibern, wie da Aluhut-Träger und dreiste Menschenfänger ihr abwegiges Programm durchziehen. (Ein Prozedere, von dem im Übrigen schon viele andere Randgruppen, die dem „Spiegel“ nicht rational, aufge-

---

129 Thomas Wüppesahl in einem Interview, *https://www.youtube.com/watch?v=KnEqTC6yCeA* (10.4.2021).

130 „Spiegel-TV“ , *https://www.spiegel.de/panorama/spiegel-tv-radikale-corona-leugner-in-berlin-a-0db6522c-426f-4f02-9385-b56f4b3af718* (10.4.2021).

klärt oder demokratisch genug waren, betroffen wurden.) Doch was ist mit den vielen normalen Menschen, die auch demonstrierten? Von denen sieht man nichts. Sie kommen auch nicht zu Wort.

Diese gezielte Verengung der Perspektive hat mit Normopathie zu tun. Und damit, dass die Massenmedien (inklusive „Zeit", „Spiegel" & Co) ihr Geld mit dem Verkauf von Emotionen verdienen, und nicht damit, so sachlich und gut recherchiert wie möglich zu informieren.

Schon die Bilder von den „Corona-Toten" von Bergamo erfüllten ihren Zweck, nämlich die Bevölkerung in Angst und Schrecken zu versetzen. Das war – wie bereits im April 2020 ein „Leak" enthüllte – ein zentraler Punkt eines Strategiepapiers der Bundesregierung. Wie bringt eine Regierung, ein Herrscher, ein Unternehmen, die Bürger, Untertanen oder Belegschaft dazu, Gebote und Maßnahmen – ob notwendig oder nicht, sei dahingestellt – zu befolgen? Angst lässt erfahrungsgemäß schneller handeln als alle Überlegungen und Diskussionen. Fast 90 % der deutschen Bevölkerung waren wohl derart beeindruckt von den Medienberichten über die Gefährlichkeit der Corona-Seuche, dass die Einschränkungen der Grundrechte willig hingenommen wurden.

Barry Long (1927–2003), ein spiritueller Lehrer und Autor, der Chefredakteur einer großen Tageszeitung in Sydney war, entwickelte ein spezielles Szenario: Die Massenmedien beschwören einen dritten Weltkrieg herauf. Wie das? Indem die Bevölkerung in Angst und Wut versetzt wird.[131] Das ist Normopathie.

Zurück zu den Berichten über Demonstrationen. Die FAZ verurteilte die Verantwortungslosigkeit der Demonstranten, die keine Masken trugen. Der Vorwurf dürfte berechtigt sein, der Ton verrät allerdings eine gute Portion „Genervtheit": „… ohne Verstand wurde in Stuttgart und anderswo für eine Freiheit geworben, die eine Freiheit ohne Maß, ohne Verantwortung, ohne Folgenabschätzung, ohne Staatsbürgerlichkeit ist. Diese Freiheit gehört aber nicht zu den Grundrechten. Sie gehört ins Grundgesetz der Primitivität.

131 Siehe Barry Long, Nur die Angst stirbt, Kamphausen, Bielefeld 1995.

[…] Wer so viel Komplexität nicht erträgt, sollte drei Mal nachdenken, bevor er einen dümmlichen Spruch auf ein Pappschild schreibt, das wie ein Brett vor dem Kopf wirkt."[132]

Viele waren da im Ton neutraler. So ließ „ntv" verlauten: Die Teilnehmer ließen sich pauschal nicht in parteipolitische Muster einsortieren. In Berlin etwa protestierten Linke, Rechte – auch Neonazis –, Christen, Impfgegner und Anhänger der „Q Anon"-Verschwörungstheorie". Extra-Bonbon: „Ein neues politisches Projekt schickt sich nun an, das zu ändern. Widerstand2020 heißt die neue Partei und will nach eigenen Angaben bereits mehr Mitglieder haben als AfD, Linke oder FDP.[133]

2020 klangen die Talkshows und Sonderberichte auf ARD und ZDF eintönig nach Corona-Belehrung. Das bemängelte auch eine Studie von Medienwissenschaftlern aus Passau. In den über 90 Ausgaben der Nachrichtensondersendungen „ARD extra" und „ZDF spezial", gesendet ab der zweiten Märzwoche bis in den Juni hinein, habe – so Dennis Gräf (geb. 1976) und Martin Hennig (geb. 1982) von der Universität Passau – die Berichterstattung ein permanentes Krisen- und Bedrohungsszenario vermittelt.[134]

Viele haben es womöglich nicht so wahrgenommen. Doch sogar populäre Krimis wie „Wilsberg" und Oliver Welkes „heute-show" wurden deutlich für die Corona-Politik instrumentalisiert. In einer „Wilsberg"-Folge sind die Gegenspieler des Detektivs unsympathische „Corona-Leugner". Und Welke (geb. 1966), der früher durchaus auch die Politik der Regierung auf die Schippe nahm, machte nun vornehmlich „Aluhutträger" und Demonstranten gegen die Corona-Maßnahmen zum Ziel einer ätzenden Häme.

Heute, Ende März 2021, ist der Ton in der Presse gegenüber den Corona-Maßnahmen der Regierung kritischer. So heißt es im „Handelsblatt Morning Briefing" vom 18.3.2021, nach-

---

132 FAZ, *https://www.faz.net/aktuell/politik/inland/corona-proteste-aus-dem-grundgesetz-der-primitivitaet-16763141.html?utm_source=pocket-newtab* .

133 ntv, *https://www.n-tv.de/politik/Was-sich-hinter-Widerstand2020-verbirgt-article21757351.html?utm_source=pocket-newtab*

134 Vgl. *https://www.deutschlandfunk.de/corona-berichterstattung-studie-kritisiert-sondersendungen.2907.de.html?dram:article_id=482723*

dem sich Kanzlerin Angela Merkel (geb. 1954) öffentlich für eine Fehlentscheidung bezüglich eines österlichen Lockdowns entschuldigte: „Das Land ist in eine Vertrauenskrise geraten, in der ‚Verzeihung' nicht genügt. Wir hatten ja schon: Impfstoffe, die andere Staaten besser beschaffen als Europa. Tests, die nicht nach einer klaren Strategie zu Öffnungen in Wirtschaft und Kultur führen. Masken, die von Abgeordneten aus Merkels Union mit vertraglich eingebautem Selbstbereicherungspassus dem Staat geliefert werden. Das alles wirkt auf Menschen ein, die in engen Wohnungen, die immer teurer werden, Homeoffice und Homeschooling machen. Die Union wird sich eine andere Politik einfallen lassen müssen, wenn sie ihren Niedergang in Wählerumfragen aufhalten will. Warten auf die sich abzeichnende bessere Belieferung mit Impfdosen reicht da nicht."[135]

Es wird sich im Wahljahr 2021 zeigen, ob Macher und Hardliner wie Markus Söder (geb. 1967) punkten oder eher die „Querdenker". Es wurde auch eine neue Partei gegründet, „Die Basis", mit namhaften kritischen Wissenschaftlern wie Prof. Dr. Bhakdi.[136] Die Grünen profitieren in jedem Fall, weil das Problem des Klimawandels und der Umweltzerstörung der Corona-Krise übergeordnet ist. Corona, wahrscheinlich durch Zoonose entstanden, also durch die unnatürliche bzw. umweltzerstörungsbedingte Übertragung des Virus von Wildtieren auf Menschen, ist ein „Kinderspiel" im Vergleich zu dem, was der Menschheit durch die Zerstörung der Erde bevorsteht.

9. Verschwörungstheorien

Viele haben sich zu Beginn des ersten globalen Lockdowns gefragt: Wie ist es möglich, dass Grundrechte des Menschen derart radikal eingeschränkt und zugleich wirtschaftliche und seelische Schäden in Kauf genommen werden? Wer oder was steckt dahinter? Wer so fragt, wird heutzutage schnell zum Verschwörungstheoretiker erklärt.

135 „Handelsblatt Morning Briefing" vom 18.3.2021.
136 Vgl. *https://diebasis-partei.de/*

Zunächst: Was ist überhaupt eine Verschwörungstheorie? Und welche Personen vertreten so etwas? Auch das wird seit dem Dauerthema „Corona“ in den Medien verstärkt diskutiert. In „Die Zeit“ schlägt Autor Anselm Neft (geb. 1973) vor, nicht von Theorie, sondern von einem Glauben zu sprechen: „Ein misstrauisches Hinterfragen von Autoritäten, Experten und Regierungsplänen ist stets sinnvoll. Würde keine Kritik mehr geäußert, stünde es um die Demokratie schlecht. Doch wenn sich das Hinterfragen selbst nicht mehr hinterfragt und Annahmen über dunkle Machenschaften als Wahrheiten gesetzt werden, verwandelt sich Spekulation in Glauben.“[137]

Der studierte Theologe Neft registriert weitere Merkmale von Verschwörungsgläubigen: Sie missionieren über die schnellen Wege der „Social Media“. Sie nähren ihr Misstrauen gegenüber allen offiziellen Nachrichten durch entsprechende Untergrund-Propaganda.[138] Sie wollen sich laut Studien des Sozialpsychologen Roland Imhoff (geb. 1977) als außergewöhnliche Individuen erleben. „Je mehr Widerspruch sie erfahren, desto einzigartiger fühlen sie sich.“[139]

Urban Zintel alias Sascha Lobo (geb. 1975) liefert im „Spiegel“ eine differenzierte Darstellung, in der er seinen eigenen Standpunkt hinterfragt: „Ein kurzer, verzweifelter Einschub sei mir verziehen: Meine fucking Güte, wie unfassbar viele, zuvor vernunftbegabt scheinende Menschen stürzen durch Corona immer tiefer und tiefer in eine komplett verblendete Weltwahrnehmung, kommen mit bizarrem Bill-Gates-Blabla und jämmerlichem YouTube-Jägerlatein um die Ecke, quer durch alle Bildungsschichten, es ist zum Schreien, ich könnte jeden Tag einen neuen Meltdown – oh! Und zack, habe ich selbst zur Verstärkung beigetragen.

---

137 Anselm Neft in: „Die Zeit“, *https://www.zeit.de/kultur/2020-05/glaube-an-verschwoerungstheorien-coronavirus/komplettansicht* (20.3.2021).

138 Anselm Neft: „Misstrauen wächst, wenn man es kultiviert. Die wachsende Skepsis gegenüber allem gesellschaftlich vermittelten Wissen verstärkt wiederum die eigene Unsicherheit und entfremdet einen von vielen Menschen.“ In: „Die Zeit“, *https://www.zeit.de/kultur/2020-05/glaube-an-verschwoerungstheorien-coronavirus/komplettansicht* (20.3.2021).

139 *https://www.vice.com/de/article/9kg8j3/menschen-glauben-an-verschworungstheorien-chemtrails-echsenmenschen*

Bei Corona-Verschwörungstheorien ist es nicht leicht, zwischen notwendigem Widerspruch, eigenem Entsetzen und verstärkendem, weil abwertendem Spott eine sinnvolle Reaktion auszubalancieren.“[140]

Weitere Experten sehen Verschwörungstheoretiker als Verzweifelte, deren Weltbild aufgrund eines tragischen Ereignisses zerbrach und die sich nun ein neues zu basteln versuchen, indem sie für sie passende Puzzleteile zusammensetzen. Im berühmten Film „Taxi Driver“ (1976) von Martin Scorsese (geb. 1942) spielt Robert De Niro (geb. 1943) den Taxifahrer Travis, der – im Umfeld von Vietnamkrieg und Watergate-Skandal – gegen soziale Missstände in New York kämpfen und eine Verschwörung aufdecken will. Der Regisseur sagt über die grundlegende Charaktereigenschaft der Hauptfigur Travis Bickle: „Die Kraft des Geistes auf dem falschen Weg.“

Ja, vieles, womöglich das meiste, was im Rahmen dieser Corona-Krise in den Medien als Verschwörungstheorie und gefährliche Spinnerei verurteilt wird, hält keiner rationalen Überprüfung stand. Doch ist das nicht Ausdruck eines Begehrens, einer Verzweiflung, einer Kraft, die als solche verdient, zumindest wahrgenommen zu werden?

Und dann sind ja da auch die sehr verständlichen und berechtigten Fragen nach dem, was hier eigentlich los ist. Woher das Corona-Virus kommt, ist die eine Sache. Warum weltweit so gravierende Maßnahmen ergriffen wurden, die andere, womöglich brisantere Frage. Zum ersten Punkt: Haben chinesische Wissenschaftler Covid-19 in ihren Laboren entwickelt und es aus Versehen – oder absichtlich – freigesetzt? Oder waren es die Amerikaner, wie von chinesischer Seite behauptet wurde? Zum zweiten Punkt: Wurde die weltweite Lockdown-Politik von China aus gesteuert? Wie sollte das möglich sein? Und zu welchem Zweck? Hierzu gibt es eine Theorie, die zumindest nicht abwegig erscheint und zudem eine Thematik beleuchtet, die für unsere Normopathie-Frage relevant ist.

---

140 Sascha Lobo in: „Spiegel-Netzwelt“, 06.05.2020, 16.14 Uhr, *https://www.spiegel.de/netzwelt/corona-krise-sascha-lobo-ueber-das-phaenomen-des-social-meltdown-a-d734aaf2-98d0-490b-983d-a2c26ffedcdd?utm_source=pocket-newtab* (24.5.2021).

Von verschiedener Seite wurde und wird der Verdacht geäußert, dass China die weltweite Lockdown-Politik mithilfe mächtiger westlicher Verbündeter und perfider Manipulationen in den „Social Media“ durchgesetzt hat.[141] Wozu? Um weltweit die Nummer eins in der Wirtschaft, in der Technik und sogar in der Politik und Kultur zu sein. Technisch und wirtschaftlich ist das Ziel fast erreicht. Ob der „American Way of Life“ durch ein Modell gegenseitiger Bewertung und Kontrolle aus China ersetzt wird? Alles scheint heute möglich. Vor allem dann, wenn es stimmt, dass die Riege der mächtigsten Firmenbosse in Verbindung mit dem Transhumanismus einen „Reset“ will, eine „neue Normalität“. Da sollen die Menschen möglichst nur noch digital kommunizieren, sich isolieren, Roboter bzw. künstliche Intelligenz für alle Lebensbereiche einsetzen – und so völlig darauf angewiesen sein.[142]

Sollte etwas dran sein an diesen Theorien – und im Unterschied zu den vielen Verschwörungsglauben sind sie stichhaltig begründet und hinreichend belegt –, dann zeigt sich eine überraschende Übereinstimmung zweier konträrer Lebensentwürfe: Auf der einen Seite haben die Corona-Maßnahmen zu einer Art Befreiung, zu einem Aufleben der Natur geführt, was jeder Klimawandel-Bekämpfer und Grüne begrüßen dürfte. Auf der anderen Seite wurde die Digitalisierung enorm vorangetrieben. Die Bosse der großen Technologie-Konzerne sind noch sehr viel reicher und mächtiger geworden. Ihre Visionen von einer „Schönen neuen Welt“ erscheinen immer realistischer.

141 In Größenordnungen Hunderter Millionen Posts lassen sich effektiv und berechenbar Meinungsbildungsprozesse in allen Ländern der Welt steuern. Werden die „Fake Accounts“ – sogenannte „bots“– etwa auf „Facebook“ nicht von Algorithmen, sondern „echten Menschen“ generiert, lässt sich der Betrug nicht aufdecken. China hat dazu jedenfalls die nötige „man power“. Vgl. den Artikel von Aya Velázquez (geb. 1986), *https://demokratischerwiderstand.de/artikel/158/china-und-der-great-reset* (11.3.2021).

142 Klaus Schwab, Vorsitzender des „World Economic Forum“ (WEF) in Davos, vertritt solche Ansichten in: Klaus Schwab & Thierry Malleret, COVID-19 — The Great Reset, forum Publishing 2020.

10. Ethische Konsequenzen

„Wenn ich höre, alles andere habe vor dem Schutz von Leben zurückzutreten, dann muss ich sagen: Das ist in dieser Absolutheit nicht richtig. Grundrechte beschränken sich gegenseitig. Wenn es überhaupt einen absoluten Wert in unserem Grundgesetz gibt, dann ist das die Würde des Menschen. Die ist unantastbar. Aber sie schließt nicht aus, dass wir sterben müssen."[143]

Was Bundestagspräsident Wolfgang Schäuble in einem „Tagespiegel"-Interview am 20.4.2020 äußerte, schlug hohe Wellen. Im selben Interview wandte er sich auch dagegen, allein Virologen die Entscheidungen zu überlassen. Es müssten auch „die gewaltigen ökonomischen, sozialen, psychologischen und sonstigen Auswirkungen"[144] abgewogen werden. „Zwei Jahre lang einfach alles stillzulegen, auch das hätte fürchterliche Folgen."[145]

Die Maßnahmen zur Eindämmung des Virus seien unverhältnismäßig und verfassungswidrig, lautete schon bald die Kritik von einigen Juristen, aber auch Wissenschaftlern wie etwa dem bereits erwähnten Mikrobiologen Prof. Dr. Sucharit Bhakdi. Auf der einen Seite soll ein Lockdown verhindern, dass sich das Virus exponentiell verbreitet und Millionen von Corona-Toten (Warnung des RKI) zur Folge hat. Auf der anderen Seite sind die Folgen für die Wirtschaft zu bedenken und Hilfsgelder aus Steuermitteln für die Betroffenen bereitzustellen. Die deutsche Regierung hat sich – wie ja viele Regierungen anderer Länder auch – beim Abwägen offensichtlich für die „menschliche" Lösung entschieden und den Schutz des Lebens vor allem der alten Menschen über ökonomische Interessen gestellt.

Doch so einfach geht die Rechnung nicht auf. Von den schädlichen Folgen für die seelische Gesundheit und das damit verbundene soziale Leben wurde von offizieller Seite bemerkenswert wenig gesprochen. Gelegentlich drangen erste Hilferufe aus Pflegeheimen

143 Wolfgang Schäuble in einem „Tagespiegel"-Interview am 20.4.2020, *https://www.welt.de/politik/deutschland/article207531925/Schaeuble-zu-Corona-Nicht-alles-muss-vor-dem-Schutz-von-Leben-zuruecktreten.html*

144 Wolfgang Schäuble in einem „Tagespiegel"-Interview am 20. 4. 2020, a. a. O.

145 Ebd.

an die Öffentlichkeit: Wie schrecklich es sei, isoliert und von allen Freunden und Verwandten getrennt dahinvegetieren und in Einsamkeit sterben zu müssen. Sie, die Risikogruppe der über 80-Jährigen, habe kein Politiker gefragt, ob die Maßnahmen in ihrem Sinne seien.

Im Dezember 2020 veröffentlichte die renommierte „Leopoldina Akademie" eine Stellungnahme, worin sie „aus wissenschaftlicher Sicht" einen harten Lockdown forderte, um die Ausbreitung des Virus zu stoppen. Daraufhin schrieb Prof. Dr. Michael Esfeld (geb. 1966), Professor für Wissenschaftsphilosophie an der Universität Lausanne und selbst Mitglied der Leopoldina, an den Präsidenten Gerald H. Haug (geb. 1968) einen öffentlichen Brief, in dem es heißt: „Diese Stellungnahme verletzt die Prinzipien wissenschaftlicher und ethischer Redlichkeit, auf denen eine Akademie wie die Leopoldina basiert. Es gibt in Bezug auf den Umgang mit der Ausbreitung des Coronavirus keine wissenschaftlichen Erkenntnisse, die bestimmte politische Handlungsempfehlungen wie die eines Lockdowns rechtfertigen. Wir haben es mit der üblichen Situation einer wissenschaftlichen Kontroverse zu tun, in der verschiedene Standpunkte mit Gründen vertreten werden."[146]

In dem Schreiben führt Esfeld kurz aus, dass längst nicht alle Virologen mit den Lockdowns einverstanden seien. Dass solche Maßnahmen mehr Lebensjahre einfordern würden als Leben zu schützen. Dass die Folgen von Lockdowns auch und gerade die ärmsten Menschen und Länder beträfen. Und dass unsere Ethik auf der Basis von Immanuel Kant (1724–1804) die Freiheitsrechte und Würde des Menschen auch „in dieser Situation" zu achten habe. „Zur Würde des Menschen gehört dabei insbesondere die Freiheit, selbst entscheiden zu dürfen, was die jeweilige Person als ein für sie würdiges Leben erachtet und welche Risiken sie für diesen Lebensinhalt einzugehen bereit ist in der Gestaltung ihrer sozialen Kontakte."[147]

Als sogar die Gottesdienste verboten wurden, gab es – wenn auch erstaunlich zaghaften – Protest von kirchlicher Seite. Es waren

146 Michael Esfeld, Öffentlicher Brief an Gerald H. Haug, *https://2020news.de/wp-content/uploads/2020/12/Esfeld-Protestschreiben081220.pdf* (5.4.2021).
147 Michael Esfeld, Öffentlicher Brief an Gerald H. Haug, a. a. O.

eher vereinzelte Stimmen wie die von Achijah Zorn (geboren 1965 in Mönchengladbach), seit 1996 Pfarrer im diakonischen Dorf der Theodor-Fliedner-Stiftung in Mülheim an der Ruhr für Menschen mit Behinderung, für Senioren und für sogenannte Nichtbehinderte. Er veröffentlichte im Dezember 2020 im Internet einen Beitrag unter der Überschrift „Das ethische Dilemma: 16 Fragen zur Corona-Pandemie." Vorangestellt als Motto ein Paulus-Zitat aus dem 1. Brief an die Gemeinde in Thessaloniki: „Prüfet aber alles und das Gute behaltet." (1. Thess 5,21)

Seine beiden letzten Fragen lauten:

Fünfzehntens: Dürfen freie Bürger kritisch und widerständig die Politik auch in Pandemiezeiten hinterfragen? Müssen in Pandemiezeiten alle Menschen zu braven gehorsamen Untertanen mutieren?

Sechzehntens: Bin ich ein „Coronaleugner", wenn mich diese Fragen bewegen? Oder sind das „Aufklärungsleugner", die derlei Fragen zu unterdrücken versuchen? Wer richtet mehr gesellschaftlichen Schaden an: Ein „Coronaleugner" oder ein „Aufklärungsleugner"?[148]

Kann es sein, dass sich heute die Menschen global mehr vor dem Tod fürchten als früher? Diese enorme Bereitschaft, die Beschränkungen der Grundrechte wie Bewegungsfreiheit, Meinungsfreiheit, Versammlungsrecht, Ausübung der Religionsfreiheit fast widerstandslos hinzunehmen, um sich und andere vor ausgerechnet diesem einen Virus – und seinen Mutationen – zu schützen, scheint dafür zu sprechen. Die übersteigerte Angst vor dem eigenen Ende hängt vermutlich mit dem vorherrschenden rational-materialistischen Weltbild zusammen. Danach ist der Mensch primär „sein Körper". Begriffe wie Seele, Gott, Transzendenz oder unsterbliches Bewusstsein gehören in das Reich der Spekulation. Ich bin ein begrenztes, endliches Wesen, das sich gegen eine oft feindliche Welt behaupten und möglichst lange überleben muss – alles andere ist zweitrangig.

148 Achijah Zorn, Das ethische Dilemma: 16 Fragen zur Corona-Pandemie, *https://www.tichyseinblick.de/kolumnen/vorwort-zum-sonntag/16-fragen-zur-corona-pandemie/* (12.3.2021).

In diesem ständigen Bemühen, mich durchzusetzen und meine Vorteile zu sichern, darf eines auf keinen Fall geschehen: Kontrollverlust. Es handelt sich dabei – wie der Neurobiologe und Buchautor Gerald Hüther (geb. 1951) in einem Interview mit Gunnar Kaiser (geb. 1976) ausführt[149] – um eine feste Überzeugung, die sich über unzählige Erfahrungen gebildet und im Gehirn verankert hat: Ich kann und muss mein Leben kontrollieren! Nun ist durch die Corona-Pandemie die ganze Gesellschaft damit konfrontiert, dass das Leben selbst, und zwar in Form der winzigen Viren, auf diese uns erschreckende Weise demonstriert: Kontrolle und grenzenlose Machbarkeit sind eine Illusion. Noch wird die Kontrollschraube immer enger gedreht, nach dem Motto: Es funktioniert nicht, wir müssen uns viel mehr anstrengen! Doch es führt kein Weg daran vorbei: „Wir müssen alle diese andere, schmerzhafte Erfahrung machen, dass es so nicht weitergehen kann."[150]

Rationales Denken und Organisieren – Fähigkeiten, die die künstliche Intelligenz mittlerweile besser beherrscht als der Mensch – sind weder die einzig möglichen noch die besten Optionen. Hüther plädiert – ganz im Sinne von Fromm und Maaz – nicht für ein abgesichertes, langes Leben, sondern für mehr Lebendigkeit. Statt die eigenen Wünsche und Bedürfnisse zu ignorieren und zu unterdrücken, was uns zu Maschinen macht, sollten wir uns so gut wie möglich für sie öffnen. Ein liebevoller Umgang mit sich selbst und anderen führt aus der Angst heraus und stärkt das Gefühl, dass die wahre Kraft des Lebendigen tief aus einem selbst kommt. Denn was uns von Robotern und KI unterscheidet, ist nicht unser Verstand, sondern unser Fühlen. Und wenn ich weiß, was mir guttut, können mir die Verordnungen innerlich nichts anhaben. Das gilt für alle Macht, die von außen kommt. Ich stelle mich so gut wie möglich darauf ein, ohne im Kern davon betroffen zu sein.[151]

---

149 Gerald Hüther in einem Interview mit Gunnar Kaiser, *https://www.youtube.com/watch?v=fScdoLRAaiQ* (4.4.2021).

150 Ebd.

151 Aktuell gibt es von Gerald Hüther die Initiative zum liebevollen Umgang, *https://www.liebevoll.jetzt*, und sein neues Buch: Lieblosigkeit macht krank. Was unsere Selbstheilungskräfte stärkt und wie wir endlich gesünder und glücklicher werden, Verlag Herder, Freiburg i. Br. 2021.

VII.

Die Suche nach Halt ist menschlich

1. Wonach wir uns sehnen

Wer bin ich wirklich? Diese Frage wird im Alltag und in den Massenmedien kaum gestellt. Sie treibt uns dennoch untergründig um. Schauen wir uns an, wonach wir uns am meisten sehnen, was wir erreichen und was wir vermeiden wollen!

Laut verschiedener Umfragen von 2015 bis 2019 wünschen sich die meisten Deutschen an dritter Stelle nach Gesundheit und finanzieller Sicherheit eine glückliche Partnerschaft und Familie.[152]

Viele sehnen sich also nach einer intakten Familie. Die gibt ihnen ein Gefühl von Erfüllung, Sicherheit und Sinn. Und damit scheint auch die eigene Identität gesichert. Ich bin Ehepartner, Vater oder Mutter, sorge für die Familie und für den Fortbestand meiner Gene.

Das ist allerdings nur eine, wenn auch die wohl älteste Form der Selbstfindung: Ich bin Mitglied einer Familie. Heute gibt es unzählige weitere Möglichkeiten, sich selbst zu zeigen, zu bestimmen, zu

152 „*Geo*"-Ausgabe 11/2016, *dpa/AZ*, Fitforfun 2019: Gesundheit, finanzielle Sicherheit, Partnerschaft/Familie *https://www.focus.de/gesundheit/ratgeber/umfrage-mit-1000-beteiligten-umfrage-hat-ergeben-das-macht-die-deutschen-wirklich-gluecklich_id_11227761.html* (2.2.2021). „Spiegel"-Umfrage, *https://www.spiegel.de/wirtschaft/service/umfrage-gfk-wuensche-der-deutschen-von-guter-fee-a-1022735.html* (3.4.2021).

finden und zu verwirklichen. Dazu gehören Leistung, Erfolg und Anerkennung im Beruf, aber auch in Freizeitbeschäftigungen wie Tennis, Golfspielen oder Bergsteigen.

In jedem Fall geht es um meinen Wert im Verhältnis zu anderen.

Das Gefühl der Zugehörigkeit zu einer Gruppe, das identitätsstiftende Element in Erfolg und Prestige, in der Darstellung des eigenen Körpers und der eigenen Persönlichkeit, all das spornt Menschen zu Leistung und Leidensbereitschaft, zu Disziplin und manchmal zu selbstzerstörerischen Verhaltensweisen an. Subkulturen aller Art leben von ihrem identitätsstiftenden Momentum, ebenso wie politische und religiöse Gruppierungen, Sportvereine, Gemeinschaften von Enthusiasten des gleichen Hobbys und Facebook-Gruppen. Auch die normale Gesellschaft findet Zusammenhalt dadurch, dass Menschen irgendwo dazugehören wollen, weil es ihnen ein Gefühl von Identität zu verleihen scheint.

Aber trügt der Schein vielleicht? Kann mir etwas, was ich tue, wofür ich mich interessiere, ein Interessensgebiet oder eine Ansammlung politischer, sozialer, religiöser oder ethischer Ansichten sagen, wer ich wirklich bin? All diese Dinge können sich jederzeit ändern. Wie oft haben wir im Leben schon unsere Ansichten geändert, die uns früher einmal wie unumstößliche Wahrheiten erschienen? Wie oft haben wir, durch Zufall oder durch den Einfluss anderer Menschen, neue Interessensgebiete oder neue Perspektiven zu wichtigen Lebensthemen entdeckt, die vorher einfach nicht auf unserem persönlichen Radarschirm vorhanden waren? Haben solche Veränderungen irgendeinen Einfluss auf die Tatsache, dass wir existieren und wissen, dass wir existieren?

Psychologen wie Maaz sehen eine Ursache für Normopathie darin, dass wir uns über eine falsche Identität definieren, weil wir unser wahres Wesen verkennen. Unbestritten dürfte sein, dass Kinder im Alter von etwa zwei Jahren eine Ich-Identität annehmen. Sie grenzen sich erstmals von anderen und ihrer Umwelt ab. Diese offenbar natürliche Entwicklung eines Selbst und damit eines bestimmten Selbstbewusstseins gilt einigen Psychologen und spirituellen Lehrern als folgenschwere Begrenzung eines ursprünglich grenzenlosen Bewusstseins. Das Individuum, die Person erfährt sich nun zunehmend als getrennt vom Ganzen. Der heranwachsende Mensch erlernt Strategien, sein Leben so gut wie möglich zu managen. Er oder sie muss sich bewähren, durchsetzen, zugleich anpassen, die Normen kennen und befolgen.

Längst nicht alle erleben die begrenzte Ich-Identität als unangenehm oder gar leidvoll. Sie erscheint vollkommen normal. Alle anderen sind ja auch „Ich"! Jeder versucht, das Beste aus seinem Leben zu machen. Untergründig schwingen stets Hoffnung und Sorge, im Rückblick oft Gefühle von Verletztheit, Kränkung, Schuld und Scham mit. Die größte Angst, nämlich die, nicht mehr zu sein, die Angst vor dem Tod, empfindet jedes Ich – und zwar mehr oder weniger bewusst. Sie bzw. der Tod werden selten thematisiert.

Jedes Ich ist auf der Suche. Angestrebt werden Glück, Erfolg, Liebe, Macht, Sicherheit, Reichtum, innerer Frieden, Geborgenheit, Erkenntnis und Erleuchtung. Eine spezielle Art der Suche – genannt die „spirituelle" – ist dem Erreichen jenes Zustandes von Einheit gewidmet, den das Kleinkind erlebte. Darauf bezieht sich offenbar der Mythos vom verlorenen Paradies. Die meisten Religionen und spirituellen Traditionen lehren die Rückkehr ins Paradies, in die Einheit und das Nicht-Getrenntsein. Einige christliche Mystikerinnen und Mystiker sprechen von der Vereinigung oder Einheit mit Gott.

Der wohl bekannteste westliche spirituelle Lehrer unserer Zeit, Eckhart Tolle (geb. 1948), sagte in seinem Vortrag in Karlsruhe 2015: „Die Menschen glauben, das Jetzt ist das, was gerade geschieht, und das ändert sich natürlich ständig. Sie glauben, dass es viele Momente im Leben gibt, jeder mit einem anderen Inhalt. Doch wenn du von deiner unmittelbaren Erfahrung hier und jetzt ausgehst, gibt es nicht *viele* Momente, sondern immer nur diesen *einen* Moment. Dein ganzes Leben besteht aus dem Jetzt. Nichts kann außerhalb vom Jetzt existieren.

Die eigentliche Bedeutung des Jetzt liegt nicht in dem, was jetzt geschieht, sondern in seiner Form. Diese Form verändert sich nicht. Ich kann mir dessen bewusst sein, was gerade geschieht – das ist die Oberfläche des Jetzt – und ich kann mir gleichzeitig der Tiefe bewusst sein, des Raumes, in dem sich alles entfaltet. Das ist das Bewusstsein selbst. Ohne das Bewusstsein wäre nichts. Es gibt nur eine Tatsache, die unbezweifelbar ist, nämlich dass du in diesem Moment bewusst bist. Alles andere lässt sich bezweifeln."[153]

Bewusstsein scheint der Schlüssel zu sein. Der Schlüssel wozu? Zu einem erfüllten „wahren" Leben ohne zwanghafte oder gar krankhafte, krank machende Anpassung an Normen und das, was als normal gilt?

2. Was ist Bewusstsein? Ein Paradigmenwechsel

In den vergangenen 300 Jahren ist die Naturwissenschaft mit ihren Prinzipien mehr und mehr an die Stelle der alten Religion(en) und die im Mittelalter geltenden Dogmen der Kirche getreten. Was nicht mess- und experimentell überprüfbar ist, galt und gilt in der Wissenschaft, speziell in der (mechanistischen) Physik, als nicht existent. Bis heute ist das wissenschaftliche Weltbild materialistisch und an der aristotelischen Logik orientiert. Diese Sicht hat sich weltweit als Norm durchgesetzt – und liegt, wie wir dargestellt haben, auch den von Virologen empfohlenen Maßnahmen zur Bekämpfung des Covid-Virus zugrunde.

Andererseits gab und gibt es etliche Wissenschaftler und Philosophen, die das materialistische Weltbild infrage stellen. Spätestens seit der Physiker Fritjof Capra (geb. 1939) in den 70er-Jahren seine Bücher „Wendezeit" und „Das Tao der Physik" veröffentlichte, ist vom „Paradigmenwechsel" die Rede. Der von dem Philosophen Thomas S. Kuhn (1922–1996) geprägte Begriff bezieht sich, vereinfacht gesagt, auf eine neue Sichtweise in den Wissenschaften und schließlich in der ganzen Gesellschaft. Ein historisches Beispiel

153 Eckhart Tolle, Vortrag Karlsruhe 2015, DVD/CD, Kamphausen Media, Bielefeld.

dafür ist, dass seit den Entdeckungen von Astronomen wie Nikolaus Kopernikus (1473–1543), Johannes Kepler (1571–1630) und Galileo Galilei (1564–1642) im 16. Jahrhundert die Erde nicht mehr als Mittelpunkt des Universums gesehen wurde. Die Konsequenzen waren erheblich, auch und gerade für die Weltsicht und das Leben der normalen Menschen. Sie fühlten sich nicht mehr Gottes wachsamen Augen wie auf dem Präsentierteller ausgesetzt und befreit, aber auch unbeachtet und verloren in einem unermesslichen „All".

Ein Buchtitel wie „Tao der Physik" deutet bereits ein Merkmal des Paradigmenwechsels in der zweiten Hälfte des 20. Jahrhunderts an: Östliche Weisheitstraditionen werden in das Weltverständnis einbezogen. Die Trennung von Materie und Geist, Körper und Seele, Objekt und Subjekt soll aufgehoben bzw. die Gegensatzpaare sollen in ein übergeordnetes ganzheitliches Modell integriert werden.

Ein Phänomen, das jedem unmittelbar zugänglich und ganz nah ist, scheint die Schnittstelle aller Gegensätze zu sein – in das herkömmliche westlich-materialistische Weltbild lässt es sich jedenfalls kaum einordnen: Bewusstsein. Was ist Bewusstsein? Wie kommt es zustande? Wie ist es möglich, dass in einer Welt von Molekülen und Schwingungen, wie sie die Physiker darstellen, ein Subjekt mit einem Innenleben, mit Wahrnehmungen und Gefühlen auftaucht? Physiker, Mathematiker, Informatiker, Neurologen, Biologen, Chemiker, Psychologen, Philosophen und weiter spezialisierte Forscher wie Neurobiologen, Neurochemiker, Neuropsychologen fragen heute interdisziplinär: Was ist Bewusstsein?

3. Philosophie des Bewusstseins

Während die meisten Neurologen heute davon überzeugt sind, dass Bewusstsein vom Gehirn erzeugt wird, also durch Materie bedingt ist, haben Philosophen und Selbsterforscher im Osten wie im Westen zu vermitteln versucht, dass ein unsterbliches und überpersönliches Bewusstsein Grundlage von allem sei, was wir wahrnehmen. Hier wollen wir uns ganz gezielt auf einige Thesen konzentrieren, die uns ermutigen können, in uns selbst einen Halt und eine Kraftquelle zu finden, die wir wohl nicht für möglich gehalten hätten.

In den über 2000 Jahre alten vedisch-indischen Texten der „Upanishaden“ wird ein allumfassendes göttliches Prinzip (Brahman) besungen und in Parabeln offenbart. Jeder Mensch ist eins mit ihm, glaubt jedoch, eigenständig und getrennt zu sein. Das ist „Maya“. Ein oft zitierter Begriff aus der indischen Tradition für „Täuschung“ oder „Trugbild“. In diesem Zusammenhang könnte der westliche Begriff des Bewusstseins passen: Meine Wahrnehmung ist subjektiv. Shankara (um 700 n. Chr.), ein religiöser Lehrer und Philosoph des Hinduismus, prägte den Satz: „Der göttliche Urgrund ist wirklich, die Welt ist unwirklich, und doch sind beide eins.“ Sein Bild dafür ist in Indien geläufig: Jemand glaubt, in einem dunklen Schuppen eine Schlange zu sehen, und stellt dann erleichtert fest: Es ist nur ein Seil. Das lässt sich auf viele Situationen im Alltag wie auch in der großen Politik übertragen. „Der Schein trügt.“ Es wird einem vieles vorgemacht und noch mehr machen wir uns selbst etwas vor.

Gerade in der indischen Tradition gilt das, was wir automatisch ständig tun, als die größte Täuschung: Ich bin überzeugt, der Körper und die Gedanken zu sein, ein Etwas, das in Raum und Zeit existiert. Demnach bin ich geboren und werde sterben. Diese Illusion lässt den Menschen leiden. Meine wahre Natur ist das, was alles wahrnimmt und selbst nicht zum Objekt gemacht werden kann: ein allumfassendes, unbegrenztes Unbegreifliches. „Bewusstsein“ ist womöglich nicht einmal das beste Wort dafür. Brahman oder Tao sind Begriffe aus anderen Traditionen.

Philosophen wie Shankara oder auch Platon mit seinem berühmten Höhlengleichnis wollen auf eine fundamentale Täuschung hinweisen. Die Welt, die wir wahrnehmen, ist insgesamt eine Illusion. Die „Matrix“-Filme haben diesen Gedanken gekonnt in eine Welt übertragen, wo fast die gesamte Menschheit, von KI gesteuert, in einer Scheinwelt, eben der sogenannten „Matrix“

agiert. Wir leben in einer virtuellen Realität.[154] Getäuscht von fremden Mächten, Göttern, Außerirdischen, superreichen Größenwahnsinnigen – wem auch immer. In jedem Fall herrschen normopathische Zustände. Die Frage ist: Wie komme ich da raus? Und: Gibt es überhaupt eine „echte" Wirklichkeit?

Bewusstsein ist der Schlüssel. Als der französische Philosoph, Mathematiker und Naturwissenschaftler René Descartes (1595–1650) etwas Unbezweifelbares als Grundlage für alle Wissenschaften finden wollte, stellte er zunächst einmal alles infrage. Auch das, was er gerade wahrnahm, sein Zimmer mit dem Kamin, konnte ja eine Täuschung sein. Vielleicht ein Traum. Doch die Tatsache, dass in diesem Moment etwas wahrgenommen wurde, ganz gleich, ob Traum oder Wirklichkeit, das schien unbestreitbar. „Cogito ergo sum" = „Ich denke (nehme wahr), also bin ich". Bei genauerer Betrachtung ist das kein Beweis für die Existenz des Ichs, denn im „Ich denke" ist das Ich ja bereits vorausgesetzt. Es sagt vielmehr: Bewusstsein bestätigt auch im Zweifel seine Existenz.

Ein anderes Argument in Descartes' „Meditationen über die Erste Philosophie" lautet: Indem ich meine Existenz bezweifle, bestätige ich, dass ich bin. Schließlich nimmt Descartes dann zwei Grundprinzipien an, die das Denken bis heute geprägt haben: einen unbezweifelbaren Geist jenseits von Raum und Zeit und eine messbare Materie, zu der auch der menschliche Körper zählt. Einziger Verbindungspunkt: die Zirbeldrüse im Gehirn.[155]

Im sogenannten „Deutschen Idealismus" machten die Philosophen Johann Gottlieb Fichte (1762–1814), Immanuel Kant (1724-1804) und Georg Wilhelm Friedrich Hegel (1770–1831) dieses unbezweifelbare „Ich bin" zum Hauptthema. Das „Transzendentale Subjekt" sei zwar nicht erkenn- und objektivierbar, doch es ermögliche zuallererst alle Erfahrung, so auch eine dem „empirischen Ich"

---

154 Sehr sehenswert ist auch der Film „Welt am Draht" von Rainer Werner Fassbinder aus den 70er-Jahren.

155 Vgl. René Descartes, Meditationen über die Erste Philosophie. Mit sämtlichen Einwänden und Erwiderungen, Felix Meiner Verlag, Hamburg 1972.

gegenüberstehende Welt. Vereinfacht gesagt erschafft das Bewusstsein die Welt, allerdings nach nicht beeinflussbaren Vorgaben wie etwa den „reinen Formen der Anschauungen" von Raum und Zeit. Demnach erschafft der Geist die Materie. Karl Marx (1818–1883) drehte das Prinzip schon bald um und behauptete das Gegenteil. Die Wissenschaften hielten sich im 19. und 20. Jahrhundert vor allem an die andere Substanz, die Descartes dem Geist gegenüberstellte: die „Res extensa", die ausgedehnte, messbare Welt. Das Vermessen funktionierte in der Welt so gut, dass die Psyche als Objekt immer verlockender wurde.

In unserem kleinen Streifzug durch die Philosophie des Bewusstseins wollen wir allerdings noch zwei weitere gegensätzliche Richtungen erwähnen: David Hume (1711–1776), der als „Empirist" so genau und unvoreingenommen wie möglich von der unmittelbaren Erfahrung ausging, konnte bei der Selbstbeobachtung im Strom der Erinnerungen, Vorstellungen und Gefühle weder ein dauerhaftes, unveränderliches Ich erkennen noch das Gesetz von Ursache und Wirkung bestätigen.[156] Beeindruckt von seinem Werk, widmete sich William James (1842–1910) dem Bewusstseinsstrom und schuf eine Psychologie, die, wie wir im 3. Kapitel sahen, bis ins Schaffen von Joyce hineinwirkte.

Einige Philosophen wie etwa Ludwig Wittgenstein (1889–1951) haben in der Nachfolge von Hume eine „No-Ownership Theory" des Bewusstseins aufgestellt. Demnach haben Sinneseindrücke, Gedanken und Empfindungen keinen „Besitzer". Wir reden zwar ständig von „meinen" Gedanken und „meinen" Gefühlen, doch tatsächlich ist da niemand, der sie steuert. Diese Theorie wird in neuerer Zeit von Gehirnforschern bestätigt. Sie können für das von uns ständig zur Hauptsache erklärte „Ich" keine Quelle im Gehirn feststellen. Schon vor Jahrzehnten ergaben Experimente Folgendes: Noch bevor eine Versuchsperson sich entschied, den linken oder rechten Arm zu heben, gab es die entsprechenden Signale

156 Vgl. David Hume, Ein Traktat über die menschliche Natur, Felix Meiner Verlag, Hamburg 1989.

im Gehirn. Demnach ist es reine Einbildung zu glauben, da sei ein eigenständiges Ich, das entscheiden könne.

In Deutschland begründete Edmund Husserl (1859–1938) um 1900 die Phänomenologie. Sie ist eine Art Selbsterforschung. Statt Reaktionen, z. B. auf Töne usw., von außen zu messen, wollte Husserl so unvoreingenommen wie möglich in sich selbst beobachten, was bei einer Wahrnehmung wie „Eine Amsel fliegt auf", einem Rechenvorgang oder dem Jetzt-Empfinden im Bewusstsein geschieht. Und vor allem: Welche Logik, welche Gesetzmäßigkeit wirkt da, unabhängig von Ort und Zeit? Die Grundstruktur von Bewusstsein sei die Intentionalität, fand Husserl. Wie ein Bogenschütze zielt das Bewusstsein auf ein Objekt. Was genau geschieht in dem Akt des Zielens? Das gilt es zu beschreiben. Ob das Objekt real oder irreal ist, ist nicht ausschlaggebend. Die ganze sogenannte reale Welt kann bei dieser Methode „in Klammern gesetzt" werden.[157]

Was sich in diesen verschiedenen Philosophien des Bewusstseins abzeichnet, ist eine Möglichkeit, den Andrang der physischen Welt mit allen denkbaren Beeinflussungen unserer inneren Einstellung und Haltung gleichsam in Schach zu halten. Wir sind Manipulationen von außen nicht hilflos ausgeliefert. Es läuft nicht alles nach einem automatischen Reiz-Reaktions-Schema ab. Ich kann mir meiner Subjektivität als einer inneren Gewissheit gewahr werden. Das erfordert zunächst etwas Distanz zur Welt und zu den aufgenommenen Informationen. Wie nehme ich etwas wahr? Woher kommen die Urteile und Verurteilungen? Ich übernehme mehr Verantwortung für alle wahrgenommenen Gefühle, die auftauchen – und kann dabei sogar offenlassen, ob sie mir gehören oder ob sie auch ohne ein Ich stattfinden. Falls in mir der Verdacht entsteht, dass ich von anderen manipuliert werde, kann ich das genauer erforschen. Ich frage „phänomenologisch": Wie erlebe ich das betreffende Objekt, etwa einen bestimmten Politiker im Fernsehen? Ob

157 Vgl. Edmund Husserl, Die phänomenologische Methode. Ausgewählte Texte I/II, Reclam Verlag, Stuttgart 1994.

es unabhängig von meiner Wahrnehmung existiert, lasse ich bei der Untersuchung „außen vor".

Die heute gängige Auffassung entspricht der materialistischen Wissenschaft: Bewusstsein entsteht durch das Gehirn. Bei starken Emotionen und Gedankentätigkeiten zeigen die Messgeräte im Gehirn andere Gehirnfrequenzen und neuronale Aktivitäten als bei einer Meditation oder im Tiefschlaf. Offensichtlich besteht ein mehr als zufälliger Zusammenhang. Den zu erforschen und zu erklären, scheint eine der großen Herausforderungen heutiger Wissenschaft und Philosophie zu sein.

Thomas Metzinger (geb. 1958), ein Philosoph, der sich intensiv mit der Gehirnforschung auseinandersetzt, schreibt: „Das Problem des Bewusstseins bildet heute – vielleicht zusammen mit der Frage nach der Entstehung unseres Universums – die äußerste Grenze des menschlichen Strebens nach Erkenntnis."[158]

Das Gehirn oder Verhalten von Menschen von außen zu beobachten, zu messen und zu analysieren ist eine völlig andere Methode und Zugangsweise, als die eigenen Gedanken und Gefühle zu beobachten. Da sind wir wieder bei Descartes und den anscheinend unvereinbaren zwei Welten von Materie und Geist, außen und innen. Was und wie ein Mensch erlebt, kann zwar mit Worten ausgedrückt werden, aber es ist und bleibt ein subjektiver, „phänomenaler Gehalt". Der lässt sich nicht auf Neuronen und Schwingungen reduzieren. Deshalb gibt es bisher auch keine umfassende, objektive Theorie des Bewusstseins.

Metzinger meint, unser Bewusstsein sei „uns so nah und zugleich so fern wie nichts anderes". Er nennt drei wesentliche Eigenschaften des Bewusstseins, die sich bisher einer objektiven Theorie entziehen.

1. **Transparenz.** Wir erleben unser Bewusstsein als „durchsichtig", als eine Art Raum, der wir selbst sind und in dem wir alles erfahren.

158 Metzinger, Thomas, Das Problem des Bewusstseins (Einleitung), *https://www.philosophie-e.fb05.uni-mainz.de/einleitung-das-problem-des-bewusstseins/* (April2019).

- **Perspektivität.** Alles Erleben ist unmittelbar für ein Ich, für mich gegeben. Das ist *die* Perspektive überhaupt. Dies kann „Innerlichkeit" oder „Subjektivität" genannt werden.
- **Gegenwärtigkeit.** Was immer wir erleben, hat die Qualität von „Jetzt". „Die bewusste Gegenwart ist uns unendlich nah."[159]

4. Bewusstsein als eigenständige Größe

Im Zeitalter der modernen Wissenschaft herrschte lange Zeit die Idee vor, dass Bewusstsein aus einer Ansammlung von Intelligenz und Wissen entsteht. Doch die Computer-Revolution hat dieser Sichtweise den Boden unter den Füßen weggezogen. Der Historiker Yuval Noah Harari (geb. 1976), möglicherweise der populärste aktuelle Welterklärer, weist darauf hin, dass die besten Schach-Computer die besten menschlichen Schachspieler seit 1997 im Schach besiegen. Aber ein Computer weiß nicht, dass er Schach spielt.[160]

Die immensen Fortschritte in künstlicher Intelligenz haben bislang zu keinerlei künstlichem Bewusstsein geführt. An Wissen im Sinne von gesammelten Fakten, an Verknüpfung von Wissen und Intelligenz und sogar von Wissen und Kreativität hängen Computer uns Menschen seit geraumer Zeit ab und die Diskrepanz wächst von Jahr zu Jahr. Aber was viele Science-Fiction-Geschichten thematisieren, nämlich dass in einem Computer ein Bewusstsein allein durch eine Anhäufung von Wissen erwacht, entbehrt bisher jeder realen Grundlage. Bewusstsein ist offensichtlich *nicht* eine Summe bestimmter Bewusstseinsinhalte.

In der Geschichte der Wissenschaft wiederholt sich ein bestimmtes Memo: Die Suche nach einer Universaltheorie zu einem bestimmten Wissensbereich, der absolute Klarheit und damit die Basis für absolute Kontrolle über diesen Bereich ermöglicht. In

159 Metzinger, Thomas, Das Problem des Bewusstseins (Einleitung), a. a. O.
160 Vgl. Yuval Noah Harari, Homo Deus. Eine Geschichte der Zukunft, C. H. Beck, München 2017.

Bezug auf den menschlichen Körper und die Psyche weckte die Genforschung in den 80er-Jahren die Hoffnung, dass die Entschlüsselung des menschlichen Genoms zu effektiven Therapien für Krebs, Alzheimer und andere Krankheiten, aber auch für alle Süchte, Depressionen, antisoziales Verhalten führen würde. Wir sind unsere Gene, dies war die klare Botschaft der Genforschung.

Nachdem die Entschlüsselung des menschlichen Genoms im Jahr 2003 zu der ernüchternden Erkenntnis geführt hat, dass menschliches Leben auf ungeheuer komplexen Dynamiken beruht, von denen die wenigsten mit einem Genschalter an- und abgeschaltet werden können, löste die Neurowissenschaft die Genforschung ab und versprach nun, dass alle Lebensbereiche, von der Gesundheit über die Karriereplanung bis zur Partnersuche, neurologisch optimiert werden können. Wir sind unser Gehirn, so die Botschaft der Neuro-Enthusiasten. Bewusstsein wird als ein Nebenprodukt neurologischer Prozesse interpretiert.

Doch diese Aussage kollidiert in der Realität mit der Tatsache, dass es Menschen gibt, die ein völlig normales Bewusstsein aufweisen, aber so gut wie kein Gehirn haben. Der britische Neurologe John Lorber (1915–1996), dessen Spezialgebiet die Krankheit Hydrocephalus war, bei der sich die Flüssigkeitsventrikel des Gehirns ausdehnen und Neuronen verdrängen, veröffentlichte bereits 1980 seine Befunde von Patienten, die lediglich 5–10 % der normalen Gehirnmasse aufwiesen, ohne jede Beeinträchtigung ihrer kognitiven, sozialen oder motorischen Fähigkeiten.[161]

Lorber hat über 100 Fälle dieser Art dokumentiert. Zwar weisen viele andere Patienten mit Hydrocephalus sehr wohl Einschränkungen ihrer Fähigkeiten auf, bis hin zu schweren Behinderungen, aber auch ein geistig behinderter Mensch ist sich wahrscheinlich auf eine rudimentäre Art bewusst zu existieren. Definitiv können geistig behinderte Menschen leiden, wenn man sie misshandelt, was wohl kaum bei unserem Computer geschieht, wenn wir ihn treten.

161 Hasler, Felix, Neuromythologie. Eine Streitschrift gegen die Deutungsmacht der Hirnforschung, transcript Verlag, Bielefeld 2012.

Bewusstsein ist offenbar keine Fähigkeit, derer man sich bewusst ist, wie etwa das Denken. Ist es womöglich ganz einfach das Wissen zu sein? Auch geistig behinderte Menschen schlagen in dieser Disziplin den teuersten Supercomputer der Welt. Und entsteht das Wissen zu sein wirklich im Gehirn, wenn manche Menschen aufzeigen, dass Fähigkeiten im Bewusstsein wie Denken unter bestimmten Umständen weitestgehend unabhängig vom Gehirn existieren können? Die schöne neue Welt des Neurozeitalters, wie es ja schon von manchen Neurowissenschaftlern ausgerufen wurde, lockt zwar mit großen Versprechungen, aber das Rätsel des Bewusstseins hat die Neuroforschung nicht gelöst.

5. Inneren Halt im Absoluten finden

„Schon zu Beginn meiner wissenschaftlichen Tätigkeit war es für mich die schönste und erhabenste Aufgabe des Wissenschaftlers, die absolute Konstante, das Invariante hinter den Erscheinungen des Universums zu erforschen."[162]

(Max Planck)

Wir können erkennen, dass die Suche nach einem Halt in äußeren Umständen, Ideologien und Werten letztlich unerfüllt bleiben muss. Was immer wir gefunden zu haben glauben, es ist der Veränderung unterworfen. Manch einer mag dann sagen, dass eben alles im Leben relativ und veränderlich sei. Doch damit würde man behaupten, dass Relativität absolut ist, oder man müsste erkennen: Wenn alles relativ ist, gilt das auch für genau diese Feststellung, die damit natürlich ihre Allgemeingültigkeit verliert.

Seit jeher haben Menschen nach dem Unveränderlichen und Absoluten gesucht. Die Theologen und Gläubigen suchen es in Gott. Einige Mystiker und Mystikerinnen wie Meister Eckhart (um 1260–1328), Hildegard von Bingen (1098–1179) oder Teresa von

162 Planck, Max, Scientific Autobiography and other Papers, Open Road Media, 2014.

Ávila (1515–1582) scheinen in der Vereinigung mit dem Allumfassenden die endgültige Erfüllung gefunden zu haben. Doch damit ist eine Entgrenzung des Ichs und eine Erweiterung des Bewusstseins verbunden. Liegt hier der Schlüssel zum wahren Glück und zur echten Identität verborgen?

Wenn Bewusstsein, die einfache Tatsache, dass wir existieren und dies aus uns selbst heraus wissen, nicht von Denken, Gehirnprozessen und anderen Vorgängen verursacht wird – die durch Bewusstsein zwar möglich werden und somit an Bewusstsein teilhaben, es aber nicht sind oder seine Existenz erklären –, wovon dann? Könnte es hinter der Bewegung des Lebens eine absolute Konstante geben, die einfach aus sich selbst heraus existiert?

In der Philosophie der griechischen Antike wurde die Konstante hinter den wechselvollen Erscheinungen zuerst von dem Philosophen Parmenides von Elea (520/515 v. Chr.–460/455 v. Chr.) postuliert. Er lässt in seinem einzigen erhaltenen fragmentarischen Werk „Über die Natur" die Göttin Dike sprechen. Sie erklärt, dass das Sein unzerstörbar, unveränderbar, nicht entstanden und vollkommen wie eine Kugel sei. Das Sein ist alles, was ist. Es ist überzeitlich, überräumlich, nicht beobachtbar, nur „denkbar", geistig erfassbar.[163]

Eine vergleichbare Auffassung von der Wirklichkeit finden wir in der spirituellen Tradition Indiens. Die Suche nach dem Einen, Unveränderlichen, „Brahman" genannt, bestimmt seit den „Upanishaden" die Philosophie, insbesondere die des „Advaita" (wörtlich „nicht zwei"). Sie wurde von Shankara um 700 n. Chr. reaktiviert und erfolgreich gegen den vorherrschenden Buddhismus eingesetzt. Gaudapada, ein Lehrer Shankaras, begründete in der ersten Hälfte des 6. Jahrhunderts den Asparsa-Yoga (Yoga ohne Stützen).

Was bedeutet „ohne Stützen"? Es weist auf das in sich vollkommene, auf nichts anderem beruhende Sein selbst, das wir in

---

163 Vgl. Parmenides, Über die Natur, in: Joachim Stille, Parmenides: Das Lehrgedicht „Über die Natur", *http://joachimstiller.de/download/philosophie_parmenides.pdf* (24.5.2021) und Raphael, Parmenides – Über die Anordnung der Natur, Pomaska-Brandt Verlag, Holthausen 2012.

unserem Wesen sind. Alle Erscheinungen des Lebens, inklusive aller benennbaren Identitäten, brauchen andere Dinge als Stütze. Wenn ich mich als Mann identifiziere, ist das nur möglich, weil es auch Frauen gibt, von denen ich mich unterscheide. Doch wie ist das mit der Aussage „Ich bin“? Braucht die eine Stütze?

Der australische Wissenschaftsphilosoph David Chalmers (geb. 1966) von der Universität Canberra bezeichnet Bewusstsein als ein irreduzibles Phänomen – es besteht aus nichts anderem als aus sich selbst, es existiert nicht wegen irgendetwas anderem. Bewusstsein verleiht in unserer Erfahrung allen greifbaren, wahrnehmbaren Dingen gefühlte Realität. Dies mag wie eine steile Arbeitshypothese anmuten, aber es ist eine sehr lohnenswerte, wenn wir verstehen wollen, warum Menschen so dringlich nach Halt im Leben suchen und was bei dieser Suche normalerweise übersehen wird.

6. Transzendenz im alltäglichen Leben

Einerseits wünschen wir uns Sicherheit und planen sorgsam jeden Tagesablauf im Voraus. Andererseits soll unser Leben auch inspirierend und abwechslungsreich sein. Aber eben nicht schockierend. Die Instanz „Ich“ – das, wofür ich mich wie selbstverständlich halte und was auch andere in mir zu sehen scheinen – ist besorgt um ein bestimmtes Image. Natürlich geht es um „mein“ Wohlergehen, „meinen“ Erfolg, „meine“ Gesundheit, erweitert durch „meine“ Familie, „meine“ Freunde. Das ist völlig normal. Untergründig lauert aber eben auch die Angst, dass sich von einem Moment auf den anderen die ganze Situation radikal ändern könnte. Und das geschieht ja auch immer wieder mal. Mir wird eine erschreckende Diagnose vom Arzt gestellt. Ein Anruf von der Polizei: Der Ehepartner oder sogar das eigene Kind ist verunglückt! Das Leben ist nicht sicher. Wir wissen das. Dennoch ist der Schock groß, wenn es mich dann direkt erwischt. Welche Art von Versicherung empfiehlt sich da?

Auf der materiellen Ebene bieten sich viele Versicherungen an. Auf der geistig-seelischen Ebene spenden seit jeher die Religionen Trost. Doch der Glaube an einen allmächtigen, gütigen Gott schwindet zusehends, weltweit. Wo ist dieser Gott? Wann und wie zeigt er sich? Ist Gott „transzendent", d. h. jenseits und für uns unerreichbar, oder ist er „immanent", d. h. überall und stets gegenwärtig? Das ist eine seit dem Mittelalter bis heute von Theologen und Philosophen immer wieder gestellte Frage.

Wir können aber auch anders fragen: Ist das Jenseitige nicht hier und jetzt gegenwärtig? Ist es nicht dieses Mysterium des Seins, dass ich überhaupt bin, dass etwas ist? Und vor allem: Wie kann ich das unmittelbar spüren?

Tolle rät seinen Zuhörern – wie etwa in seinem Vortrag in Karlsruhe –, Transzendenz in den Alltag zu integrieren: „Ohne Transzendenz ist der Mensch ein konditioniertes Phänomen, konditioniert von der Vergangenheit."[164]

Schon wenn wir stärker auf die Pausen zwischen den Worten anderer oder auch bei uns selbst achten, gewinnen wir etwas Abstand zur stets unbewusst ablaufenden Identifikation. In der Stille, ja sogar im weißen Hintergrund dieser gedruckten Zeilen, offenbart sich Transzendenz.

Das ist ein Tor zu dem, was unser begrenztes Ich und die damit verbundenen Ängste und Hoffnungen übersteigt. Kein gewaltiges Reich himmlischer Heerscharen tut sich hier auf. Nur ein Moment der Stille. Nichts. Und genau darin ruht die unglaubliche Kraft des überpersönlichen Bewusstseins. Das ist der Raum des stets gegenwärtigen Gewahrseins. Er ist nicht greifbar, nicht kontrollierbar, und eben deshalb das beste Heilmittel gegen Normopathie.

---

164 Tolle, Eckhart, Vortrag Karlsruhe 2015, DVD/CD, Kamphausen Media, Bielefeld.

VIII.

Klar sein und in sich selbst ruhen – Praktische Tipps

1. Ein konstruktiver Umgang mit Normopathie

Ungesunde Tendenzen in der Gesellschaft zu erkennen – das ist mit einem Blick über den Tellerrand der Massenmedien recht leicht. Und Empörung über solche Tendenzen zu empfinden ist natürlich. Doch was machen wir mit unserer Empörung? Menschen zu kritisieren, die wir als verantwortlich für Missstände ansehen, kann ein gewisses Lustgefühl auslösen. Andererseits kann so auch leicht eine Gewohnheit des wiederholten Kritisierens entstehen, die wenig konstruktiv ist.

Ein konstruktiver Umgang mit einer destruktiven Tendenz wie Normopathie ist nicht einfach. Nehmen wir als historisches Beispiel eine Erzählung des südafrikanischen Offiziers Jan Christiaan Smuts (1870–1950), der als Bure Anfang des 20. Jahrhunderts überzeugt davon war, dass alle dunkelhäutigen Menschen in seinem Land minderwertig wären und nicht die gleichen Rechte wie Weiße haben sollten. Diese Sichtweise war normal, sie gehörte zur Normopathie jener Zeit und Kultur.

Eines Tages kam ein junger indischer Anwalt namens Mohandas Gandhi (1869–1948), den damals noch niemand mit dem Ehrennahmen „Mahatma“ ansprach, in sein Büro und erklärte ihm, dass er sich nun für die Rechte der indischen Bewohner Südafrikas einsetzen würde. Smuts reagierte herablassend und ärgerlich. Er versuchte, Gandhi klarzumachen, dass er scheitern würde. Gandhi blieb ruhig und höflich und sagte zum Schluss: „Ich werde gewinnen, und zwar mit Ihrer Hilfe.“ Jahre später erzählte Smuts diese Geschichte und musste schmunzelnd gestehen, dass es genau so kam. Der junge Gandhi hatte auf die Abwertung seiner Person und seiner Landsleute nicht mit einer Retourkutsche in Bezug auf Smuts und die Buren reagiert. In der Sache kompromisslos klar, verzichtete Gandhi darauf, seinen Gegnern ihre menschliche Würde abzusprechen, auch wenn er dieses Unrecht viele Male selbst hatte erfahren müssen.

Aus den Lebenserfahrungen mutiger Menschen, die sich gegen die Normopathie ihrer Zeit erfolgreich wehrten, können wir einige Prinzipien ableiten, die sich in unsere heutige Zeit übertragen lassen.

1. Wir brauchen Zeiten der Stille. Gerade im „Informationszeitalter“ sind Phasen der bewusst gewählten Reizreduktion sehr wichtig, damit wir nicht einfach eine Dauerschleife neurologischer Reaktionsmuster auf Reize ausleben. Wenn wir mit herausfordernden Themen wie „Normopathie“ umgehen wollen, sind innere Stille und ein beobachtendes Bewusstsein, das sich in Stille entwickeln kann, von unschätzbarem Wert. Davon abgesehen sind ständiges Online-Sein und ständiges Konsumieren von Informationen bereits für sich genommen Aspekte einer Normalität, die alles andere als gesund ist. Spaziergänge in der Natur ohne Smartphone, generell Zeiten in der Natur, in Meditation, mit einfachen körperlichen Tätigkeiten ohne Ablenkungen sind wichtig und können viele Entertainment-Angebote ersetzen, die einfach nur dem Gehirn neue Reize bieten.

2. Daraus ergibt sich der nächste Punkt: eine ehrliche Bestandsaufnahme zur Frage, inwiefern wir vielleicht selbst aus Gewohnheit normopathische Tendenzen haben. In welchem Lebensbereich und bei welchen unserer Ansichten sind wir einfach nur von der Normalität der allgemeinen Kultur oder einer speziellen Subkultur geprägt und reagieren gereizt, wenn diese Ansichten infrage gestellt werden? Wilberforce, Gandhi oder Parks führten ihr Leben lang innere Inventuren durch und stellten sich selbst infrage, um eigene Schattenseiten zu erkennen. So konnten sie auch leichter Mitgefühl für die Schattenseiten ihrer Gegner entwickeln. Diese innere Arbeit verlieh ihnen eine besondere Aura von Würde, was eine sehr kraftvolle Ressource für Veränderung ist.
3. Können wir, wie es Gandhi mit Smuts vorgemacht hat, klar und deutlich Missstände benennen und eventuell auch aktiv werden, um sie zu beenden, ohne dass wir Menschen abwerten, die für sie verantwortlich sind?
4. Wenn wir glaubwürdig Normopathie, wie zum Beispiel in der Gesundheitspolitik, kritisieren und verändern wollen, ist es wichtig, dass wir uns selbst gut um unsere Gesundheit kümmern. „Sei die Veränderung, die du in der Welt sehen willst", betonte Gandhi immer wieder. Wir können kritisieren, dass Glyphosat in der Landwirtschaft immer noch verwendet wird, dass der Energieverbrauch und die Verwendung von Plastik in westlichen Ländern katastrophale Auswirkungen haben. Doch ist auch unser eigener Lebensstil geeignet, einer besseren Zukunft zu dienen? Wir werden wahrscheinlich mit unserem Konsumverhalten allein nicht die Welt verändern, aber wir können einen Grundstein in unserem Leben legen, der uns würdevoll und glaubwürdig mit den Dingen umgehen lässt, die wir gerne verändern wollen.

2. Die eigene Lebendigkeit wiederentdecken und entfalten

Im Buch sind einige Merkmale und Gefahren der Normopathie aufgezeigt worden. Vor allem ein Kriterium wurde in verschiedenen Zusammenhängen genannt, nämlich die innere Lebendigkeit und Authentizität.

In einer normopathischen Gesellschaft werden sie verdeckt und können bzw. dürfen sich nicht entfalten. Wir können und sollten uns also zunächst selbst fragen, wie es mit der eigenen Lebendigkeit und dem Gefühl von Freiheit steht. Und dann, was wir praktisch tun können, um sie wiederzuentdecken und dauerhaft zu stärken und aufrechtzuerhalten.

Unser Tipp dazu: Die „Dynamische Meditation" von Bhagwan Shree Rajneesh/Osho. Es gibt diese 60-minütige Meditation mit der Musik von Deuter (geb. 1945) auf CD und zum Herunterladen im Internet.

3. Die „Dynamische Meditation"

Die „Dynamische Meditation" setzt die Gegenspieler Chaos und Rhythmus ein. Sie kombiniert in 60 Minuten wirksame Techniken des Schamanismus, des Yoga, der Sufis und der modernen Psychotherapie in vier Phasen: Das chaotische, heftige und tiefe Atmen in den ersten 15 Minuten besorgt eine energetische Aufladung („Rebirthing"-Effekt) – bei dem sich bereits innere Bilder („katathymes Bilderleben") und Emotionen einstellen. Diese werden in entsprechend wilden Körperbewegungen, je nach Nachbarschaft auch in ungehemmtem Schreien, Stöhnen, Weinen oder Lachen in den folgenden 15 Minuten ausgetobt.

Deuters Musik dazu ist aus verständlichen Gründen weder lieblich-melodisch noch tänzerisch-rhythmisch, sondern rotiert eher wie eine beunruhigende Mischmaschine aus dumpfen elektronischen Klängen.

Erst in der dritten Phase kommt ein gleichmäßiger elektronischer Trancebeat – ein in den 70er-Jahren komponierter sanfter Vorläufer des Techno – zum Einsatz. Es ist die von vielen gefürchtete „Hu"-Phase: 15 Minuten mit nach oben gestreckten Armen auf der Stelle hüpfen und bei jedem Sprung möglichst tief aus dem Bauch das Sufi-Mantra „Hu" (Verkürzung von „Allah Hu") ausstoßen.

Wer dieser Anweisung einmal gewissenhaft, d. h. mit Einsatz aller Kräfte gefolgt ist, weiß etwas von Hölle und Himmel. Solche auch in der Bioenergetik verwendeten Übungen zielen wie der indianische Sonnentanz auf jenen seltsamen Energieumschlag ab: von der äußersten körperlichen Anstrengung und scheinbaren Erschöpfung in die von Energie getragene Leichtigkeit einer (scheinbaren?) Loslösung vom Körper.

Die motorisch-mantrische Einwirkung auf das sogenannte „Wurzelchakra" im Becken mobilisiert zusätzlich starke Energien. Laut alter Yoga-Tradition sitzt hier die Kundalini-Energie, eingerollt wie eine Schlange. Sie wird nun womöglich aufgestachelt und erhebt sich in Form von (inzwischen messbarer, elektrischer) Energie über das Rückenmark und die verschiedenen Chakren. Erreicht sie das Kronenchakra, blitzt angeblich die Erleuchtung auf. Im klassischen Yoga gibt es zu diesem Zweck andere Übungen, die sogar unauffällig in jeder beliebigen alltäglichen Situation ausgeführt werden können.[165]

Die „Dynamische Meditation" soll eine Bewusstseinserweiterung anregen. Von innen her fühlt sich das Springen in der „Hu"-Phase vielleicht plötzlich federleicht an, als geschähe es wie von selbst. Ich scheine vom Körper getrennt. Und genau dieses Empfinden ist der Schlüssel zu einer folgenreichen Erkenntnis: Ich bin nicht mein Körper! Eine weitere Chance zu dieser Einsicht bietet das plötzlich gerufene „Stopp!". Der Körper soll in seiner momentanen Stellung erstarren. Nur das Atmen oder die Geräusche der weiteren Umgebung sind zu hören. Es gibt Berichte von Leuten,

165 Mehr dazu in Christian Salvesen, Der Sechste „Tibeter". Das Geheimnis erfüllter Sexualität, BoD (überarbeitete Neuausgabe), Norderstedt 2018.

die ihren Körper bei diesem „Stopp!“ zu Boden fallen und dort „von oben aus“ liegen sahen – in der Terminologie der Transpersonalen Psychologie handelt es sich dabei um eine „außerkörperliche Erfahrung“.

Die letzte Phase der Stille entspricht der klassischen Meditation: keine Bewegung, alles wird beobachtet. Zum Ausklang kann zur nun wieder typisch heiteren Musik von C. H. Deuter frei und beschwingt getanzt werden.[166]

4. Sich wertschätzen

Was der Neurobiologe Hüther in seinem Interview (siehe Kap. 7) empfiehlt, nämlich die liebevolle Selbstzuwendung, ist eine Art Grundprinzip in fast allen spirituellen Traditionen. Wie kann ich bewusst und achtsam sein, wenn ich mich selbst vernachlässige oder abwerte? Doch so selbstverständlich sie scheinen mag, Selbstwertschätzung ist für viele Menschen nicht leicht zu praktizieren. Zu sehr sind wir von klein auf darauf konditioniert, dass Fehler und Ungehorsam bestraft werden. Die eigenen Wünsche zu äußern oder zu erfüllen suchen galt und gilt als „egoistisch“. Wie wir uns in der Kindheit ein „falsches Selbst“ aneigneten, haben wir im ersten Kapitel über Maaz erfahren. Und da wir uns selbst oft nicht gut wahrnehmen – z. B. genau hinhören, wie wir uns schlecht- und kleinmachen –, gilt es zunächst einmal, überhaupt die Missachtung unserer selbst zu bemerken. In unserer Gesellschaft wird allgemein lieber kritisiert als gelobt.

Zum „Liebe dich selbst“ gibt es viele gute Bücher und Ratschläge von Psychologen und Seelsorgern.

Die Psychologin Dr. Gabi Pörner verwendet in ihrem Buch „Von der Angst in die Kraft“[167] den ungewöhnlichen, von Alexander Maria Faßbender (geb. 1964) geprägten Begriff der „Mutivation“

166 Osho Dynamic Meditation. Music by Deuter, CD, New Earth/Silenzio Music.
167 Pörner, Gabi, Von der Angst in die Kraft – Wie ich meine inneren Stärken erkenne und nutze, Fischer & Gann, Bielefeld 2021.

und schreibt: „Wenn du deine Stärken und Fähigkeiten bewusst würdigst und ihnen den Raum gibst, den sie verdienen, dann bist du in der Lage, sie optimal zu nutzen. Du siehst dich selbst realistischer, wertschätzender und wirst immer stabiler, stärker, zuversichtlicher und traust dir mehr zu. Du gewinnst an emotionaler und mentaler Widerstandskraft und freust dich mehr. Auf diese Weise gewinnst du insgesamt eine optimistischere Lebenseinstellung und nimmst das Leben leichter und kannst bisweilen auch humorvoll mit Missgeschicken umgehen. Klar, dass dann Sorgen, Ängste, Stress und Frustration abnehmen, du nimmst auch Kritik nicht mehr so persönlich und kritisierst andere weniger. Vielmehr schätzt du gute Beziehungen, fühlst dich mit anderen verbunden und freust dich, wenn es anderen gut geht.

Du anerkennst all das Gute und lenkst deine Aufmerksamkeit immer mehr auf das Positive, ohne die negativen Dinge zu leugnen. Damit wechselst du die Perspektive, schaust auf das, was du willst, und erweiterst deinen Horizont. Dies „mutiviert" dich, neue Ideen zu kreieren, sie umzusetzen und dich weiterzuentwickeln. Das Wort ‚Mutivation' ist eine Zusammensetzung von Motivation und Mut. Es […] bedeutet, dass du von innen heraus motiviert, angetan und mutig bist, ins kalte Wasser zu springen. Du bist bereit, dich zu engagieren und das zu tun, was du für richtig hältst, obwohl du nicht genau weißt, was dabei herauskommt! Doch du kannst jetzt schon neugierig sein, wie es für dich ist, dich auf ein kleines Abenteuer einzulassen!"[168]

Ein anderer, wohl für viele von uns ungewöhnlicher Vorschlag kommt von dem bekannten Benediktinerpater Anselm Grün (geb. 1945). Er plädiert dafür, dass wir uns, unsere Mitmenschen und unsere Umwelt segnen. Was den Geistlichen vorbehalten zu sein schien, das dürfen und sollten wir selbst als Ritual in unseren Alltag einführen. Gerade weil hier die Kraft eines sehr alten „heiligen" Rituals genutzt wird, kann die Wirkung enorm sein. Wie wir segnen

168 Pörner, Gabi, Von der Angst in die Kraft – Wie ich meine inneren Stärken erkenne und nutze, a. a. O.

und welche Wirkungen das haben kann, erfahren wir in dem Buch und dem Seminar von Dr. Anselm Grün und dem Psychologen Dr. Friedrich Assländer (geb. 1946). Sie sind davon überzeugt, dass beim Segnen eine überpersönliche göttliche Kraft wirkt. Sich dafür zu öffnen ist bereits ein großer Schritt der Befreiung von einengenden Denk- und Verhaltensmustern. Zum Abschluss des Kurses, am Ende der 12. Lektion, bringt Grün gleichsam sein Vermächtnis zum Ausdruck:

„Ich wünsche den Menschen, dass sie sich bedingungslos geliebt fühlen. Dass sie aufhören, sich ständig rechtfertigen und beweisen zu müssen. Dieser Druck führt dazu, dass ich andere kleinmachen muss. Wenn ich mich ganz angenommen fühle, kann ich mich freuen über die anderen Menschen. Mein Segenswunsch ist, dass Du auch den Segen im anderen erkennst. [...] Und ich wünsche den Menschen, dass sie frei werden von Illusionen. Segen heißt: frei werden von alten Illusionen. Dass wir immer mehr die Gegensätze überbrücken durch die Liebe. Dass wir uns im Tiefsten verbunden fühlen. Dann brauchen wir andere nicht mehr zu bekämpfen." [169]

5. Entrainment – Stimmungen durch Musik ändern

Kaum etwas ist in unserem Alltag so präsent wie Musik. Von morgens bis nachts erreichen uns die Klänge: aus dem Radio, Fernseher, über Kopfhörer, beim Joggen oder in der U-Bahn, im Supermarkt, in Restaurants, im Flugzeug oder sogar im Büro. Selten nehmen wir die Musik allerdings bewusst wahr oder lauschen gar. Doch sie beeinflusst unsere Stimmungen und Gedanken. Das seichte Gedudel im Kaufhaus erfüllt nachweislich seinen Zweck. Die Kaufbereitschaft der Kunden ist im Schnitt um 30 % höher als in einem vergleichbaren Geschäft ohne Klangberieselung.

---

169 Grün, Anselm/Assländer, Friedrich, Segen. Sei ein Segen für Dich und andere. Dein Online-Seminar, 12 Seminarlektionen zu je 30 Minuten in A5-Box mit Code, 39,90 €, EAN: 4260398510796, Info und Zugang: *www.segnen-lernen.de*

Eine der wirksamsten Strategien zur Stimmungsregulierung ist der gezielte Einsatz von Musik. Fühle ich mich besonders gereizt, schlecht drauf, dann lege ich eine Musik auf, die dazu passt: Heavy Metal, Punk, düsterster Blues. Da schwingt etwas mit, das entspricht meiner momentanen Stimmung. Das Leben fühlt sich schon besser an. Ich bin mit meiner Stimmung und Schwingung nicht allein. Doch dabei bleibt die Therapie nicht stehen. Ich habe eine Folge von Musikstücken abspielbereit, die mich von Wut oder Weltschmerz über Protestsongs und Rock'n'Roll in die harmonischen Höhen von ABBA oder gar Mozart ziehen.

Amerikanische (Musik-)Psychologen nennen diesen inneren Transfer „Entrainment". Man wird abgeholt, wo man steht, und mitgenommen, wie in einem Zug (train). Training steckt auch in dem Wort. Die Wurzel ist lateinisch, „trahere" = ziehen. Dieselbe Grundbedeutung wie im griechischen „Rhythmos"! Im Mood-Management lassen wir uns gezielt „umstimmen".

Während Emotionen aufgrund eines äußeren Anlasses schnell hochkommen und ausagiert werden – Wut, Eifersucht, Begierde –, sind Stimmungen eher schwelend, weniger greifbar und etwas dauerhafter. Unzufriedenheit, „öde Leere", Beklemmung. Es gibt fließende Übergänge. Angst beispielsweise kann einen konkreten Auslöser haben (Emotion) oder auch nicht (Stimmung).

Von Kindheit an haben wir Strategien gelernt, um störende, negative Einflüsse und Stimmungen zu vermeiden und positive zu finden.

Wie komme ich aus einem unangenehmen, unglücklichen Zustand in einen angenehmeren, glücklicheren Zustand? Es ist die wohl meistgestellte Frage in unserem Leben. Wie kann ich mich besser fühlen? Der Körper stellt diese Frage – für uns nicht bewusst wahrnehmbar – mit jedem Nervenimpuls, mit jedem elektrischen Signal im Gehirn. Er arbeitet bereits unablässig für unser Wohlergehen.

Über die Resonanz, das Mitschwingen, lassen wir uns ganz gezielt von einem Stimmungstief in einen angenehmeren, klareren oder auch offeneren Gemüts- und Bewusstseinszustand führen. Die passende Musik dazu wählen wir selbst, genauso einen ruhigen Ort, wo wir uns 30 oder 60 Minuten zum bewussten Hören zurückziehen.[170]

6. In der Natur sein und lauschen

Wir haben bereits darauf hingewiesen, dass Natürlich-Sein und ein Verweilen in der Natur gleichsam Heilmittel der Normopathie darstellen. Hier gibt es viele Tipps, vom Lauschen der Naturgeräusche auf einer CD über das „Waldbaden" bis zum Barfuß-Wandern. Lauschen will gelernt sein. Am einfachsten entsteht jene für das Lauschen typische Mischung aus gespannter Aufmerksamkeit und innerer Stille beim Anpirschen. Vielleicht haben Sie als Kind beim Indianerspielen das Anpirschen auf Tiere – beispielsweise auf Vögel im Garten – geübt. Während Sie sich ganz darauf konzentrierten, kein Geräusch zu machen, schien die Umgebung an Tiefe und Schärfe zu gewinnen. Alles wurde intensiver. Heute würden Sie vielleicht denken oder sagen: „Aha, Meditation!"

Meditation bedeutet keinesfalls bloß Entspannung. Meditation darf als Instrument der Bewusstseinserweiterung logischerweise nicht einschläfern, sie muss irgendwie wacher machen, die Sensibilität erhöhen. Demnach sollte auch Musik zur Meditation nicht nur entspannen, sondern zugleich auch zum Lauschen anregen. Dafür gibt es viele gute Beispiele aus unterschiedlichen Kategorien, von Gregorianik und Raga bis zu Jazz und Pop. Allerdings mischen sich bei jeder Art von Musik leicht Vorlieben und Abneigungen, Kenntnisse und Urteile ein – was die Klarheit beeinträchtigt. Den Stimmen und Geräuschen der Natur zu lauschen ist deshalb im Grunde die einfachste und effektivste Hör-Meditation. Dabei werden wohl kaum Geschmacks- oder ästhetische Werturteile angeregt, sondern eher – zumindest ansatzweise – Urinstinkte. Vielleicht erweckt der

170 Vgl. John M. Ortiz, Das Tao der Musik. Die geheime Macht der Musik – wie man sie kreativ einsetzen und nutzen kann, O. W. Barth, Bern, München/Wien 1999.

Ruf eines Vogels Angst. Oder Jagdgelüste. Das sind die hormonalen Wachmacher. Das Tier in uns ist erwacht. Wir sind für kurze Zeit zum Wald- oder Meeresbewohner geworden.

In Deutschland hat sich Walter Tilgner (geb. 1934), ehemals beim Bodensee-Naturmuseum tätig, mit seinen eindringlichen Naturhörbildern einen Namen gemacht. Aufnahmen von seltenen Vögeln bei der Balz, von Tages- und Jahreszeitenstimmungen mit knackenden Zweigen, mit Hasen, die im Schnee hoppeln, und röhrenden Hirschen. Die Geräusche haben nicht nur – dank Kunstkopftechnik – eine überwältigende Raumtiefe und Präsenz, sie sind auch in der Gesamtstimmung und Dynamik mit viel Liebe und Sorgfalt aufgenommen und gestaltet. Die Booklets bieten schöne Fotos und anschauliche, informative Texte.[171]

7. Klarheit durch Waldbaden

Noch wohltuender als Naturgeräusche auf CD zu hören ist es wohl, unmittelbar in der Natur zu sein. In den Bergen wandern oder klettern, einen Strand entlanglaufen und in den Wellen toben oder still auf einem Baumstumpf mitten im Wald zu sitzen und die Präsenz der Pflanzen und Tiere spüren. Schon eine Stunde Aufenthalt in einem Wald oder Stadtpark – möglichst ohne Handy – fördert nachweislich unsere Abwehrkräfte und hilft, Stress abzubauen. Das zunächst in Japan von Wissenschaftlern empfohlene „Waldbaden“ können wir zu einem regelmäßigen Ritual des Energietankens machen.

Tag und Nacht werden in einem Wald zwischen den Bäumen wie zwischen Pflanzen, Pilzen und Tieren unsichtbare Botschaften ausgetauscht. Wissenschaftler sprechen vom „Wood Wide Web“, dem „Internet des Waldes“. Das Holz jedes einzelnen Baumes verströmt seinen ganz eigenen Duft, der zum Teil der Abwehr von Insekten dient. Wir Menschen empfinden ihn allerdings als wohltuend.

---

171 Die CDs „Blaukehlchen“, „Frühlingskonzert“, „Kraniche“, „Nachtigall“, „Vogelhochzeit“, „Waldesrauschen“, „Waldkonzert“ und weitere sind alle bei WERGO/SMD erschienen.

Letztlich geht es darum, dass wir heute wieder unsere tiefe Verbindung zur Natur wiederentdecken und aktivieren. Die Biophilia, die Liebe zum Leben, ist dem Menschen angeboren, glaubt der Pflanzenmediziner Stephen Harrod Buhner (geb. 1952)[172]. Und der Förster Peter Wohlleben (geb. 1964), desgleichen mit dem Thema „Wald“ zum Bestsellerautor geworden, hält uns heutige Menschen für ebenso geeignet wie unsere Ahnen vor 100.000 Jahren, die Natur mit allen Sinnen aufzunehmen und mit ihr eins zu werden.[173]

8. Gehen, um zu gehen

Alle Formen meditativer Bewegung wie Tai-Chi, Qigong oder Aikido, aber letztlich auch alle Sportarten und jede Art von Gehen sind gute Möglichkeiten, Gegenwärtigkeit zu üben, den Geist zu entspannen, Abstand von der (normopathischen) Welt und Klarheit zu gewinnen.

Es gibt viele Arten des Gehens: sehr schnell und darauf bedacht, ins Schwitzen zu kommen und Kalorien zu verbrennen, oder extrem langsam, in Zeitlupe, mit besonderer Achtsamkeit, möglichst jede Empfindung wahrnehmend. Ich kann es eilig haben, um noch schnell letzte Einkäufe zu erledigen oder den Bus zu erreichen. Ich kann aber auch gemütlich herumbummeln, Schaufenster oder Segelschiffe im Hafen betrachten. Ich kann wandern, um die Natur zu genießen, allein oder in gut organisierten Reisegruppen, für 30 Minuten oder auch für 30 Tage.

In den vergangenen 20 Jahren hat sich einiges getan im Hinblick aufs Gehen, Wandern und Pilgern. Auf dem Jakobsweg sind heute im Schnitt jährlich etwa 50.000 Menschen aller Altersgruppen unterwegs. Vor zehn Jahren waren es höchstens 5000, vor 50 Jahren

172 Buhner, Stephen Harrod, Die heilende Seele der Pflanzen. Was wir von Pflanzen lernen können, wenn wir ihnen zuhören, und warum Biophilia auf Erden so wichtig ist, Herba Press, Aschaffenburg 2017.

173 Wohlleben, Peter, Das geheime Band zwischen Mensch und Natur: Erstaunliche Erkenntnisse über die 7 Sinne des Menschen, den Herzschlag der Bäume und die Frage, ob Pflanzen ein Bewusstsein haben, Ludwig Buchverlag, München 2019. Videotipp: *https://www.arte.tv/de/videos/091180-000-A/unsere-waelder/*

vielleicht 500. Und das „gewöhnliche" Wandern ist in Deutschland schon lange beliebt, Goethes Italienreise war da vorbildlich. Immer neue Wanderwege werden eingerichtet und touristisch vermarktet, meist Hunderte von Kilometern lang.

Der Zen-Meister und ehemalige Benediktiner-Pater Willigis Jäger (1925–2020) sagte: „Was das Gehen zur meditativen Erfahrung werden lässt, sind zwei Aspekte. Der erste ist, dass ich gehe um des Gehens willen, nicht um anzukommen. Schritt für Schritt gehe ich. Der zweite Aspekt ist: Ich gehe mit einer ganz großen Offenheit. Wenn Menschen kontemplativ auf den Jakobsweg gehen, dann wollen sie nichts erleben. Sie wollen gehen. Sie wollen nicht einmal die Landschaft erkunden. Sie wollen höchstens die Landschaft als Ganzes aufnehmen. Sie sind ganz in der Natur, werden gleichsam ein Stück Natur. Darum wirkt das Gehen auch so beruhigend."[174]

Power-Walking ist eine betont sportliche Methode des konzentrierten Schnellgehens mit etwa 130 Schritten pro Minute. Ziele sind Fitness, Abnehmen, Verbesserung der Kondition. Der Fuß wird mit der Ferse zuerst aufgesetzt. Dann rollt man über den ganzen Fuß ab und stößt sich mit den Zehen kräftig nach hinten ab. Diese Bewegung erfordert Kraft, umso mehr, je länger der dadurch ausgeführte Schritt wird. Man beginnt also mit eher kleinen Schritten, die man erst nach und nach mit zunehmender Übung verlängert. Die Arme werden ungefähr im 90°-Winkel gehalten und kräftig von vorne nach hinten mitgeschwungen. Dadurch kann man sich praktisch durch die Armbewegung nach vorne ziehen.

Breath-Walk® ist eine komplexe Methode, um beim Gehen Bewegung und Atmung, Geist, Seele und Körper in Einklang zu bringen. Es gibt fünf Phasen mit wiederum verschiedenen Möglichkeiten der Geh- und Atemgeschwindigkeit und der Gefühlsbeeinflussung. Die vereinfachte Form: vier Schritte einatmen, vier Schritte ausatmen, jeweils von eins bis vier zählen. Dies zwei bis fünf Minuten so achtsam wie möglich durchhalten. Diese Methode

---

174 Willigis Jäger in einem Interview mit Christian Salvesen. Buchtipp: Willigis Jäger, Geh den inneren Weg. Texte der Achtsamkeit und Kontemplation, Herder Verlag, Freiburg i. Br. 1999.

hilft, wenn ich merke, dass ich vor lauter Gedanken nichts mehr von der Natur und dem Körper wahrnehme.[175]

Zen-Gehen (kinhin) gehört zum Zazen: Nach 45 Minuten Sitzen folgt ein etwa zehnminütiges achtsames langsames Gehen, um Körper und Geist zu lockern. Schon Buddha wies seine Mönche und Nonnen an, beim Gehen nicht mit den Augen herumzuwandern, sondern den Blick wie gleichgültig auf den Boden etwa fünf Meter voraus gerichtet zu halten. So bleibe ich bei mir in meiner Mitte.[176]

Barfuß wandern liegt im Trend, ist gut für Körper und Seele und auch für Kinder ein willkommenes Abenteuer. Barfußparks schießen wie Pilze aus dem Boden. Mittlerweile gibt es in Deutschland und Österreich bereits über 100 Barfußpfade und -fühlstrecken. Wenn man barfuß über eine warme, weiche Almwiese laufen kann oder federnden Waldboden unter seinen Füßen spürt, senden über 70.000 Nervenbahnen, die an unseren Fußsohlen enden, Signale in die entsprechenden Bereiche des Gehirns, die für die Ausschüttung von Glückshormonen zuständig sind.[177]

9. Meditationen mit Musik – Hören und mitströmen

Meditations- und Weisheitslehrer aller Zeiten haben betont, dass schon das bloße Hören von Worten, Tönen und Geräuschen in die Stille zum wahren Selbst führen kann. Sie meinen allerdings ein unvoreingenommenes, sehr offenes Hören. Was immer ohne den Filter des bewertenden Verstandes bis tief ins Herz und Bewusstsein dringt, wirkt Wunder: ein Vers von Buddha, ein Kinderlied, ein Wellenschlag oder sogar ein Autohupen. Staunend vernehmen wir

175 Vgl. Yogi Bhajan/Dr. Gurucharan Singh Khalsa, Breath-Walk®, VAK-Verlag, Kirchzarten 2007.

176 Buchtipp: Ermin Döll & Marcus Hillinger, Das Zen des glücklichen Wanderns, Theseus Verlag, Bielefeld 2014.

177 Buchtipp: Eduard und Sigrid Soeffker, Barfußwandern. Münchner Berge und Alpenvorland, Rother Bergverlag, Oberhaching 2012.

im Klang die Unergründlichkeit des Lebens. Im Hören können wir Entstehen und Vergehen leichter mitverfolgen als im Sehen. Wir können unsere ganze Aufmerksamkeit auf den Ton richten, der in diesem Moment erklingt und dann verschwindet.

Musik wird seit Jahrtausenden als Hilfsmittel zur Meditation eingesetzt. Arthur Schopenhauer (1788–1860) hatte dafür eine gute Erklärung: Musik selbst will nichts. Die Töne einer Melodie tauchen auf und verschwinden – absichtslos. Sie spiegeln das Auf und Ab von Gefühlen wider, doch wir sind dabei nicht persönlich verstrickt. Wenn sich Töne in Harmonie finden, werden wir nicht eifersüchtig. Wir „strömen mit der Musik mit" und sind nicht mehr in dieser Welt. Wir sind auch nicht auf einer Trauminsel. Wir lassen einfach zu, dass unsere Gedanken von der Musik aufgesogen werden.

Meditation wird traditionell beschrieben als ein Verschmelzen von Subjekt und Objekt. Das damit verbundene Einheitserlebnis wird als glückselig und zeitlos empfunden. In Verbindung mit Musik bedeutet das zunächst einmal: Was immer ich da höre, es zieht mich an. Ich liebe diese Musik! Westliche Musikmediziner und Musikpsychologen bestätigen: Was Patienten bei der Stressbewältigung, bei chronischen Schmerzen oder der Angst vor Operationen am meisten hilft, das ist genau die Musik, die diese Patienten mögen.

Ich möchte hier keine bestimmte Musik als besonders geeignet empfehlen. Der eine mag Zen-Musik, ein anderer J. S. Bach (1685–1750) oder die Beatles. Entscheidend ist, dass beim bewussten Hören die Töne gleichsam an die Stelle der Gedanken treten.

In der traditionellen Meditationsmusik sind zwei unterschiedliche musikalische Strukturen benutzt worden, um das Bewusstsein von Einheit anzuregen. Da gibt es den Aspekt der Trance und den der Aufmerksamkeit. Die Trance ist ein sehr altes Mittel der Schamanen. Gleichmäßige Trommelschläge und sich stets wiederholende Gesänge (Mantras) regen im Gehirn nachweislich Frequenzen an, die im Tiefschlaf gemessen werden. Es ist also gut möglich, dass uns eine Trance auslösende Musik wie die Schamanentrommel oder der tief grollende Gesang tibetischer Mönche hilft, im Schlaf bewusster zu sein. Der Veda wurde ursprünglich gesungen, und zwar genau in diesem hypnotisierenden Mantra-Singsang, der uns in jenen eigenartigen Zustand zwischen Wachbewusstsein und Schlaf entführt. Wir finden ähnliche Strukturen in den Liturgien aller Religionen – im Buddhismus, im Christentum, im Islam. Und neuerdings wieder in der Trance-Musik der Techno-Diskos und Loveparaden.

Die andere Art von Meditationsmusik soll uns wach und lebendig machen. Sie ist abwechslungsreich und oft sehr virtuos. Wir werden in den Bann der musikalischen Entwicklung gezogen. Beispiele dafür sind die klassische indische Musik, die Improvisationen auf der japanischen „Zen-Flöte" Shakuhachi oder auf der arabischen Ney-Flöte. Und natürlich unsere westliche Musik, vor allem die zur Andacht komponierte geistliche Musik. Von vielen heute wieder als Musik zur Meditation besonders geschätzt: die vom Atem getragenen Gesangslinien der Gregorianik (nach Papst Gregor um 600 n. Chr.) und die Gesänge der Hildegard von Bingen (1098–1179).

Doch welche Art von Musik wir auch hören, entscheidend ist, dass wir tatsächlich zuhören. Dazu sollten wir uns wenigstens 30 Minuten Zeit und Ruhe nehmen. Im „Mitströmen" verschwinden die Gedanken. Es kann zur Verschmelzung von Hörer und Gehörtem, von Subjekt und Objekt kommen. Erwarten sollten wir möglichst nichts. Wir bleiben so wach wie möglich mit unserer Aufmerksamkeit bei dem, was da gerade geschieht.

Zum „Mitströmen" gehört auch, die beim Hören auftauchenden Gedanken und Gefühle zuzulassen. Sie können wie Melodien wahrgenommen werden. Dadurch rückt das Subjekt weiter zurück nach innen. Beide Ebenen, die Töne wie auch die „subjektiven" Reaktionen darauf, verschmelzen zu einer Art „Gesamtsinfonie".

10. Die „Reflexive Meditation"

Meist glauben oder hoffen wir, dass der Gegenstand unserer Wahrnehmung – der heilige Klang „Om“, ein tiefsinniger Text oder ein besonders weiser Lehrer – aus sich heraus zur Erkenntnis anregt, die Meditation vertieft oder gar in die Glückseligkeit führt. Wir setzen stärker auf die Kraft des Objekts als auf die des Subjekts. Wir vergessen zu fragen: Wer oder was spricht dem Objekt überhaupt diese Macht zu? Wer hält dieses hier für nützlich, gut, spirituell, der besonderen Aufmerksamkeit wert und jenes dort nicht? Der erste große Durchbruch der Erkenntnis liegt darin, vom Objekt zum Subjekt vorzudringen.

Meditation bewegt sich vom Objekt zum Subjekt und darüber hinaus. In der Musikmeditation sind die Töne das Objekt. Wer hört die Töne, jetzt? Wohin verschwinden sie? Was ist dieser eigenartige Raum, in dem die Töne auftauchen und verschwinden? Die Musik allein kann solche Fragen nicht anregen. Es muss einen sprachlichen oder gedanklichen Hinweis geben. Wer oder was hört diese Töne, liest jetzt diese Worte? Wo genau kommen sie an? Solche Fragen können wir uns bei allem stellen, was wir hören, sehen, empfinden und denken. Die Aufmerksamkeit wird auf das wahrnehmende Bewusstsein gelenkt.

Dabei geht nichts vom Gehalt des Wahrgenommenen verloren. Im Gegenteil. Informationen jeder Art werden besser, d. h. schneller, wacher usw. aufgenommen, wenn Ich, das wahrnehmende Subjekt, zugleich direkt angesprochen wird. Im Prinzip genügt es, sich zwischendurch zu fragen: Wer liest jetzt diese Zeilen? Wohin gelangen diese Worte (Töne, Bilder)? Wo werden sie verstanden? Für wen ist dies jetzt da? Das verschafft zudem eine bewusste, auch kritische Distanz zu den ständig aufgenommenen Nachrichten.

11. Achtsamkeit

„Achtsamkeit (*englisch* mindfulness) ist ein Zustand von Geistesgegenwart, in dem ein *Mensch hellwach* die gegenwärtige Verfasstheit seiner direkten *Umwelt,* seines *Körpers* und seines *Gemüts* erfährt, ohne von *Gedankenströmen, Erinnerungen, Phantasien* oder *starken Emotionen* abgelenkt zu sein, ohne darüber nachzudenken oder diese Wahrnehmungen zu *bewerten.*“[178]

So definiert „Wikipedia“ einen Schlüsselbegriff in der buddhistischen Philosophie und Meditationspraxis, der durch den amerikanischen Molekularbiologen Jon Kabat-Zinn (geb. 1944) und etliche Mediziner, Psychologen und Therapeuten in den letzten Jahren sehr bekannt wurde. In den Achtsamkeitskursen nach Kabat-Zinn[179] ist eine Übung am Anfang besonders populär. Jeder Teilnehmer empfängt mit geschlossenen Augen eine Rosine und soll sie erfühlen, erschnuppern und wahrnehmen wie etwas, das er zum ersten Mal wahrnimmt. Tatsächlich machen solche Übungen bewusster im Umgang mit sich, den anderen und der Umwelt. In der Regel gehört zu den täglichen Übungen auch der sogenannte „Bodyscan“. Es hilft, sich mit dem Körper zu verbinden und aus unnötigen, nervenden Gedankenkreisläufen auszusteigen.

Bodyscan 1: *Von den Zehen zum Becken*

Ich sitze entspannt, während ich diese Worte lese. Der Rücken ist gerade. Die Handflächen und Unterarme ruhen auf den Oberschenkeln. Ich gehe nun mit meiner Aufmerksamkeit durch den Körper … von unten nach oben.

Ich beginne mit dem rechten Fuß. Kann ich den Kontakt der Fußsohle zum Boden spüren? Wie fühlt sich das an? Empfinde ich etwas in den Zehen? Kann ich zwischen den einzelnen Zehen nur durch Hinspüren unterscheiden?

---

178 *https://de.wikipedia.org/wiki/Achtsamkeit_(mindfulness)* (6.4.2021).

179 Mindfulness-Based Stress Reduction (MBSR), Buchtipp: Jon Kabat-Zinn, Die heilende Kraft der Achtsamkeit, Arbor, Freiamt 2004.

Ich wandere mit meiner Aufmerksam langsam vom rechten Knöchel zum rechten Knie. Wie ist die Empfindung in den Waden? Warm oder eher kühl? Weich oder eher hart? Kann ich in die Mitte des Knies hineinspüren?

Ich scanne den Oberschenkel ... Oberseite ... empfinde ich die Kleidung auf der Haut? Was noch? Unterseite ... wie fühlt sie sich an? Schwer? Leicht? Ein leichtes Prickeln? Ich erspüre den weiteren Verlauf des Oberschenkels: Wo endet er? Kann ich die Verbindung zum Becken empfinden? Mit der Übung wird das Empfinden immer feiner. In jedem Fall kann ich spüren, wie meine rechte Pobacke die Sitzunterlage berührt. Was ist das für eine Empfindung? Angenehm oder eher unangenehm?

Langsam wandert die Aufmerksamkeit nun durch das Becken von rechts nach links. Spüre ich, wo und wie der linke Oberschenkel am Rumpf sitzt? Ich durchleuchte den Oberschenkel mit meiner Aufmerksamkeit langsam, achte auf Ober- und Unterseite, spüre ins linke Knie hinein, in den Unterschenkel und den linken Knöchel. Ich fühle nun meinen linken Fuß von innen: Wie berührt er den Boden? Fühlt sich der große Zeh anders an als der kleine?

Ruhig ein- und ausatmend, bleibe ich entspannt beim Empfinden des Körpers. Die Aufmerksamkeit darf sich frei bewegen.

Bodyscan 2: *Vom Kopf zum Bauch*

Ich gehe mit meiner Aufmerksamkeit in den vorderen Teil meines Kopfes, mein Gesicht. Unzählige Muskeln zeigen in diesem Bereich nach außen, was ich gerade fühle, doch selten spüre ich diese Muskeln von innen. Wie fühlt sich jetzt die Stirn an? Ist sie glatt und entspannt? Kühl oder warm? Was ist mit den Schläfen? Rechts ... ein Pochen? Links? Ich spüre in die Augäpfel. Rechts ... irgendein leichter Druck? Wie ist es beim linken Augapfel? Wangenknochen und Kiefer ... Die Kiefermuskeln sind die stärksten im gesamten Körper. Wir zerkauen damit die Nahrung. Hier zeigt sich deutlich das Tier in uns. Wie fühlt sich dieser Bereich an? Ich beiße jetzt die Zähne zusammen. Wie fühlt sich das an? Verkrampft? Unangenehm? Ich lasse wieder locker.

Ich gehe mit meiner Aufmerksamkeit weiter im Körper nach unten. Ich fühle in den Nacken und den Hals hinein, in die Schultern, den rechten Arm hinunter bis in die Fingerspitzen, links ebenso. Der Brustkorb hebt und senkt sich beim Ein- und Ausatmen. Ich spüre genau hin. Im Rücken kann ich vom Nacken abwärts Wirbel um Wirbel scannen. Wenn ich verkrümmt sitze, spüre ich das unmittelbar und sitze wieder aufrecht. Wie empfinde ich den Bauch? Eng oder weit?

Ich bleibe noch eine Weile im Fühlen des Bauchraums und Unterleibs. Die Aufmerksamkeit erweitert sich auf den ganzen Körper. Was ist das für ein Gefühl: dieser Körper von innen? Ist das eine Art Raum? Was ändert sich? Und was bin ich in diesem Ganzen? Ich bleibe im Fühlen.

12. Selbsterforschung

„Wer bin ich?“ Das ist eine ganz besondere Frage. Einerseits naheliegend, wenn sie sich auf das Ich als Objekt bezieht. Was der Mensch ist, wie sein Gehirn funktioniert, welche Vorlieben und Abneigungen er hat, das sind gängige und relativ leicht bzw. objektiv zu beantwortende Fragen, die jeden interessieren. Wie sehr das Ich im Zentrum unserer Kultur und Konsumgesellschaft steht, zeigt sich unter anderem am Star- und Selfie-Kult. Doch wenn sich die Frage konkret auf mich selbst als Subjekt bezieht: „Wer bin ich – wirklich?“, dann erweist sie sich als weniger populär. Denn das kann im Grunde, wenn überhaupt, nur ich selbst beantworten. Wer, außer mir, hat unmittelbaren Zugang zum innersten Kern meiner selbst?

Mit seinem Buch und Online-Seminar „Ich – wer ist das?“ leitet Professor Peter Pfrommer (geb. 1966) zu einer Expedition der Selbsterforschung an. Anhand von Experimenten kann jeder Leser oder Teilnehmer herausfinden, wer oder was er in Wahrheit ist. Damit ist die Einstellung eines Forschers gefordert, der alle vorgegebenen Antworten und Deutungen, alle von anderen übernommenen Selbstbilder kritisch hinterfragt und bis zu einem nicht mehr bezweifelbaren Punkt vordringt, der sich – möglicherweise – als mein unveränderliches Wesen, als das „wahre Selbst“ erweist.

Wir haben es hier also nicht mit metaphysischen Spekulationen oder Glaubenssätzen zu tun. Auch die spirituellen Traditionen, in denen die Selbsterforschung empfohlen und praktiziert wird, spielen hier nur eine Nebenrolle. Es werden keinerlei Kenntnisse vorausgesetzt.

Pfrommer leitet die Teilnehmer anhand von Gedankenexperimenten zu einer möglichst unvoreingenommenen Einstellung an und führt schrittweise von den äußeren, sinnlich wahrnehmbaren Gegebenheiten zu dem, was alles wahrnimmt und sich selbst jeder Beobachtung entzieht. Das Online-Seminar ist in sechs, etwa 30-minütige Einheiten gegliedert und folgt inhaltlich dem Buch mit gleichem Titel.

In der Einleitung erläutert Pfrommer die Frage nach dem Ich und wie sie in diesem Selbsterforschungskurs, dieser ganz besonderen Expedition, angegangen wird.

Im ersten Teil erforschen die Expeditionsteilnehmer, wie sie mit der Außenwelt verbunden sind. Zum Beispiel: Was genau geschieht, wenn über die Hand ein Gegenstand gefühlt wird? Gibt es da eine Trennung zwischen Subjekt und Objekt? Und hängen in der Wahrnehmung nicht auch Vorder- und Hintergrund untrennbar zusammen? Viele Beispiele demonstrieren, dass alles mit allem verbunden ist.

Im zweiten Teil wird unser Denken untersucht. Kontrolliere ich meine Gedanken? Wer oder was denkt? Was beobachtet die Gedanken und Gefühle? Ein erster spannender Einblick in mein „Innenleben“!

Der dritte Teil widmet sich dem Bewusstsein, jener mysteriösen „Sache“, die Wissenschaftler von heute, speziell Gehirnforscher, vor Rätsel stellt. Ist das Bewusstsein mit einer Leinwand vergleichbar, auf der Filme erscheinen? In jedem Fall ist es in diesem Moment gegenwärtig und ermöglicht jede Art von Wahrnehmung und Vorstellung.

In den anschließenden Teilen wird die Beziehung zwischen Welt und Bewusstsein genauer thematisiert. Ist die Welt womöglich ebenfalls Bewusstsein? Bin ich gar ihr Schöpfer? Es geht um Perspektiven und Dimensionen der Unbegrenztheit und Ewigkeit, die mich betreffen und mich schwindelig machen können. Doch dieses „wahre" Ich, das unbegrenzte Bewusstsein, ist nicht das, was die meisten Menschen zu sein glauben, nämlich der vergängliche Körper und Geist (Verstand). Das wahre Ich oder Selbst entzieht sich jeder Definition. So schreibt Pfrommer zum Schluss seines Buches: „Das Ich ist nicht begrenzbar, kann nicht eingeschränkt werden, es lässt sich nicht manipulieren. Es bleibt immer frei und offen für alles, was ihm durch sich selbst begegnet, was durch seine offenen Arme in Erscheinung tritt. Das Ich ist das Paradies, das keine Limitierung kennt."[180]

Pfrommers Seminar ist für jeden gedacht, der herausfinden will, was er oder sie in Wahrheit ist. Die Frage nach dem Selbst wird hier praktisch umgesetzt und bewirkt eine ungeahnte Befreiung.[181]

---

180 Pfrommer, Peter, Ich – Wer ist das? Eine Expedition zum Selbst, J. Kamphausen, Bielefeld 2018.

181 Pfrommer, Peter, Ich – Wer ist das? Eine Expedition zum Selbst, Online-Seminar, Kamphausen Digital, Euro 39.- Weitere Informationen: *http://www.kamphausen.media*

ANHANG

Literatur

Bhakdi, Sucharit/Katharina Reiss, Corona Fehlalarm? Zahlen, Daten und Hintergründe, Goldegg Verlag, Berlin 2020.

Bloch, Ernst, Das Prinzip Hoffnung in 3 Bdn., Suhrkamp, Frankfurt a. M. 1967.

Bradbury, Ray, Fahrenheit 451, Heyne TB, München 2018.

Buhner, Stephen Harrod, Die heilende Seele der Pflanzen. Was wir von Pflanzen lernen können, wenn wir ihnen zuhören, und warum Biophilia auf Erden so wichtig ist, Herba Press, Aschaffenburg 2017.

Capra, Fritjof, Das Tao der Physik. Die Konvergenz von westlicher Wissenschaft und östlicher Philosophie, O. W. Barth, München 2014.

Capra, Fritjof, Wendezeit. Bausteine für ein neues Weltbild, Fischer TB, Frankfurt a. M. 2015.

Cramer, Friedrich, Symphonie des Lebendigen. Versuch einer allgemeinen Resonanztheorie, Insel TB, Frankfurt a. M. und Leipzig 1998.

Criado-Perez, Caroline, Unsichtbare Frauen. Wie eine von Daten beherrschte Welt die Hälfte der Bevölkerung ignoriert, btb Verlag München 2020.

Descartes, René, Meditationen über die Erste Philosophie. Mit sämtlichen Einwänden und Erwiderungen, Felix Meiner Verlag, Hamburg 1972.

Dittrich-Opitz, Christian, Befreite Ernährung, Hans Nietsch Verlag, Roßdorf 2014.

Dittrich-Opitz, Christian, Der Protein-Optimierer, Hans Nietsch Verlag, Roßdorf 2019.

Döll, Ermin/Hillinger, Marcus, Das Zen des glücklichen Wanderns, J. Kamphausen, Bielefeld 2014.

Donnersmarck, Florian Henckel von, Werk ohne Autor. Filmbuch, Suhrkamp, Berlin 2018.

Druker, Steven M., Manipulierte Gene – Verdrehte Wahrheit, Kamphausen Media, Bielefeld 2020.

Eisenstein, Charles, Die Ökonomie der Verbundenheit, Scorpio, München 2013.

Engelbrecht, Torsten/Claus Köhnlein, Virus-Wahn, emu Verlag, Lahnstein 2006.

Firstenberg, Arthur, The Invisible Rainbow. A History of Electricity and Life, Chelsea Green Publishing 2020.

Fromm, Erich, Die Pathologie der Normalität. Zur Wissenschaft vom Menschen, Ullstein 2005 (Kindle-Version: Edition Erich Fromm).

Fromm, Erich, Wege aus einer kranken Gesellschaft, dtv, München 2005.

Fromm, Erich, Die Kunst des Liebens, dtv, München 1998.

Fromm, Erich, Haben oder Sein. Die seelischen Grundlagen einer neuen Gesellschaft, dtv, München 2005.

Gantenbein, Bruno und Doris, Das Wahren der Einzigartigkeit, Ataraxis, Herisau 2016.

Gebser, Jean, Ursprung und Gegenwart, in: Gesamtausgabe Band II, Novalis Verlag, Neukirchen 2007.

Göpel, Maja, Unsere Welt neu denken. Eine Einladung, Ullstein, Berlin, 15. Auflage 2021.

Harari, Yuval Noah, Homo Deus. Eine Geschichte von Morgen, C. H. Beck Verlag, München 2017.

Hasler, Felix, Neuromythologie – Eine Streitschrift gegen die Deutungsmacht der Hirnforschung, transcript Verlag, Bielefeld 2012.

Hüther, Gerald, Lieblosigkeit macht krank. Was unsere Selbstheilungskräfte stärkt und wie wir endlich gesünder und glücklicher werden, Herder Verlag, München 2021.

Huber, Ellis/Kurt Langbein, Die Gesundheitsrevolution. Radikale Wege aus der Krise – Was Patienten wissen müssen, Aufbau-Verlag, Berlin 2004.

Hume, David, Ein Traktat über die menschliche Natur, Felix Meiner Verlag, Hamburg 1989.

Huxley, Aldous, Schöne neue Welt. Ein Roman der Zukunft, Fischer TB, Frankfurt a. M. 2014.

Jäger, Willigis, Geh den inneren Weg. Texte der Achtsamkeit und Kontemplation, Herder Verlag, Freiburg i. Br. 1999.

Kabat-Zinn, Jon, Die heilende Kraft der Achtsamkeit, Arbor, Freiamt 2004.

Kennedy, Margrit, Occupy Money: Damit wir zukünftig ALLE die Gewinner sind, Kamphausen, Bielefeld 2011.

Long, Barry, Nur die Angst stirbt, Kamphausen, Bielefeld 1995.

Maaz, Hans-Joachim, Das falsche Leben. Ursachen und Folgen unserer normopathischen Gesellschaft, C. H. Beck, München 2017.

Mausfeld, Rainer, Warum schweigen die Lämmer? Wie Elitendemokratie und Neoliberalismus unsere Gesellschaft und unsere Lebensgrundlagen zerstören, Westend Verlag, Frankfurt a. M. 2018.

Neidhöfer, Loil, Intuitive Körperarbeit, Transform Verlag, Hagen 1993.

Nestle, Wilhelm, Vom Mythos zum Logos. Die Selbstentfaltung des griechischen Denkens von Homer bis auf die Sophistik und Sokrates, Kröner, Stuttgart 1940.

Ornish, Dean, Die revolutionäre Therapie: Heilen mit Liebe. Schwere Krankheiten ohne Medikamente überwinden, Mosaik Verlag, München 1999.

Ortiz, John M., Das Tao der Musik. Die geheime Macht der Musik – wie man sie kreativ einsetzen und nutzen kann, O. W. Barth, Bern/München/Wien 1999.

Orwell, George, 1984, Fischer TB, Frankfurt a. M. 2021.

Pfrommer, Peter, Ich – Wer ist das? Eine Expedition zum Selbst, J. Kamphausen, Bielefeld 2018.

Planck, Max, Scientific Autobiography and other Papers, Open Road Media, 2014.

Pörner, Gabi, Von der Angst in die Kraft – Wie ich meine inneren Stärken erkenne und nutze, Fischer & Gann, Bielefeld 2021.

Price, Weston A., Nutrition and Physical Degeneration, Price-Pottenger Nutrition Foundation, 8th Edition 2008.

Raphael, Parmenides – Über die Anordnung der Natur, Promaska-Brandt Verlag, Holthausen 2012.

Rossum, Walter von, Meine Pandemie mit Professor Drosten: Vom Tod der Aufklärung unter Laborbedingungen, Rubikon, Mainz 2021.

Salvesen, Christian, Leben wie Musik, Band 1 und 2., BoD, Norderstedt 2020.

Salvesen, Christian, GENveränderte Nahrungsmittel – Risiken für unsere Gesundheit und Umwelt, Kamphausen Media, Bielefeld 2019.

Salvesen, Christian, Der Sechste „Tibeter". Das Geheimnis erfüllter Sexualität, BoD (überarbeitete Neuausgabe), Norderstedt 2018.

Salvesen, Christian, Eckhart Tolle. Inneres Erwachen und ein Leben im Jetzt, Aquamarin Verlag, Grafing 2017.

Schwab, Klaus/ Malleret, Thierry, COVID-19 – The Great Reset, forum Publishing 2020.

Sölch, Dennis, Odysseus in der Philosophie. Zur Epigenesis einer mythologischen Gestalt, in: *Mythos-Magazin*, Düsseldorf 2011.

Spong, John Shelby, Why Christianity Must Change or Die, Harper, San Francisco 1998.

Soeffker, Eduard und Sigrid, Barfußwandern. Münchner Berge und Alpenvorland, Rother Bergverlag, Oberhaching 2012.

Süss, Joachim, Bhagwans Erbe. Die Osho-Bewegung heute, Claudius, München 1996.

Tolle, Eckhart, Jetzt – Die Kraft der Gegenwart, Sonderausgabe, J. Kamphausen, Bielefeld 2010.

Whitehead, Alfred North, Die Funktion der Vernunft, Reclam, Stuttgart 1974.

Horkheimer, Max/ Adorno, Theodor W., Dialektik der Aufklärung, Suhrkamp, Frankfurt a. M. 1988.

Wohlleben, Peter, Das geheime Band zwischen Mensch und Natur: Erstaunliche Erkenntnisse über die 7 Sinne des Menschen, den Herzschlag der Bäume und die Frage, ob Pflanzen ein Bewusstsein haben, Ludwig Buchverlag München 2019.

Wulff, Erich, Psychiatrie und Klassengesellschaft. Zur Begriffs- und Sozialkritik der Psychiatrie und Medizin. Athenäum, Frankfurt a. M. 1972.

Yogi Bhajan/ Dr. Gurucharan Singh Khalsa, Breath-Walk®, VAK-Verlag, Kirchzarten 2007.

CDs/DVDs

Grün, Anselm/Dr. Assländer, Friedrich, Segen. Sei ein Segen für Dich und andere. Dein Online-Seminar. 12 Seminarlektionen zu je 30 Minuten in A5-Box mit Code, 39,90 €, EAN: 4260398510796 (Info und Zugang: *www.segnen-lernen.de*)

Osho Dynamic Meditation. Music by Deuter. CD, New Earth/Silenzio Music.

Tilgner, Walter, „Blaukehlchen", „Frühlingskonzert", „Kraniche", „Nachtigall", „Vogelhochzeit", „Waldesrauschen", „Waldkonzert" (alle bei WERGO/ SMD).

Tolle, Eckhart, Vortrag Karlsruhe 2015, DVD/CD, Kamphausen Media.

Filmtipps

Spielfilme

Cacoyannis, Michael, Zorba the Greek/Alexis Sorbas (nach dem gleichnamigen Roman von Nikos Kazantzakis, USA/Griechenland 1964).

Donnersmarck, Florian Henckel von, Werk ohne Autor. (Deutschland 2018)

Kubrick, Stanley, 2001. Odyssee im Weltraum. (USA 1968)

Fassbinder, Rainer Werner, Welt am Draht. 2-teiliger Fernsehfilm, (BRD 1973)

Scorsese, Martin, Taxi Driver. (USA 1976)

Truffaut, François, Fahrenheit 451. (England 1966)

Dokumentar- und andere Filme

Calderon, Philippe/ Benarrosch, Caroline, George Orwell, Aldous Huxley – 1984 oder Schöne neue Welt. (Doku auf „arte" 2020)

Dalbéra, Camille (Regie), Die Großen Mythen. Die Odyssee, Teil X, Götterdämmerung. („arte" 2020)

Janssen, Timothée/ Lenoir, Frederic, Was uns heilig ist (2/5). Vom Wesen der Weisheit. („arte"/Frankreich 2020)

Osho, God is Dead, Now Zen is the Only Living Truth, Kapitel 1; Video auf YouTube: *https://www.youtube.com/watch?v=PBEIeRSLb8k*

Schei, Tonje Hessen, IHuman, 90 min. Doku auf „arte", https://www.arte.tv/de/videos/081590-000-A/ihuman/

Internet-Adressen/Online-Seminare

Dittrich-Opitz, Christian, *www.christian-dittrich-opitz.de* Seminare, Ausbildungen und Artikel zu Gesundheitsthemen.

Gantenbein, Doris, Beziehung statt Erziehung, *www.einzigkeit.ch*

Pfrommer, Peter, Ich – Wer ist das? Eine Expedition zum Selbst, Online-Seminar, Kamphausen Digital, € 39,- *http://www.kamphausen.med*

Kaiser-TV, youTube-Kanal des Journalisten Gunnar Kaiser *https://www.youtube.com/channel/UCqU7kO7e9HQo6QpQ6l3Nk_A*

Salvesen, Christian, homepage: *www.christian-salvesen.de*

Interview zu „Leben im Jetzt", in: Welt im Wandel-TV

https://www.youtube.com/watch?v=Vn-AISnvNBs